DIANWANG QIYE XINYONG DASHUJU
GUANLI YU PINGJIA

电网企业信用大数据
管理与评价

国网冀北电力有限公司　组编

中国电力出版社
CHINA ELECTRIC POWER PRESS

内 容 提 要

电网企业作为国有重点骨干企业，加强信用管理是对国家社会信用体系建设要求的贯彻落实，也是电力行业高质量发展的必由之路。本书简要介绍电网企业信息化建设成果和数据管理的基本情况；具体分析电网企业信用管理平台的建设与应用案例，并详细介绍其全产业链信用评价的思路、结果及成效；分享电网企业信用管理的实例，提出对电网企业信用建设的展望。

本书从企业信用管理的角度出发，是科学性、实用性和前瞻性较强的案例型书籍，具有理论与实践相结合的特点，以国内先进的信用管理理论为支撑，采用电网企业真实的数据，结合实际情况，系统全面地阐述了电网企业信用管理的成果。

本书可供电网企业风险管理部门人员、电网相关企业负责人、其他企业管理者、行业信用建设工作者、学者和其他从事信用管理工作的人员参考使用。

图书在版编目（CIP）数据

电网企业信用大数据管理与评价/国网冀北电力有限公司组编．—北京：中国电力出版社，2022.11
ISBN 978-7-5198-7011-9

Ⅰ．①电…　Ⅱ．①国…　Ⅲ．①电力工业－工业企业－企业信用－数据处理－中国　Ⅳ．①F426.61

中国版本图书馆 CIP 数据核字（2022）第 149862 号

出版发行：中国电力出版社
地　　址：北京市东城区北京站西街 19 号（邮政编码 100005）
网　　址：http://www.cepp.sgcc.com.cn
责任编辑：刘丽平　王蔓莉（010-63412791）
责任校对：黄　蓓　朱丽芳
装帧设计：赵丽媛
责任印制：石　雷

印　　刷：三河市万龙印装有限公司
版　　次：2022 年 11 月第一版
印　　次：2022 年 11 月北京第一次印刷
开　　本：710 毫米×1000 毫米　16 开本
印　　张：8.25
字　　数：139 千字
印　　数：0001—3000 册
定　　价：50.00 元

编 委 会

主　　任　孙兴泉　徐其春

成　　员　宋　伟　王冬松　盛　民　吴晶妹

编 写 组

组　　长　宋　伟

副 组 长　李　研

编写人员　张　珩　　王丹妮　　王欣妍　　张　京　　黄　舒

　　　　　胡　淼　　武　剑　　赵峻鹰　　王　超　　拓广忠

　　　　　李劲松　　戚少刚　　李洪志　　曹世杰　　孟庆松

　　　　　王照宇　　薛璐璐　　赵文斌　　乔　栋　　姚建河

　　　　　李荣让　　康　念

前　言

2014 年 6 月，国务院印发《社会信用体系建设规划纲要（2014～2020 年）》（以下简称《纲要》）。作为我国首部国家级社会信用体系建设专项规划，《纲要》指出建设社会信用体系对于完善社会主义市场经济体制、加强和创新社会治理、促进社会发展和文明进步具有重大的意义。由此，我国社会信用体系建设进入全面、快速发展的新阶段。经过多年的探索和稳步推进，我国社会信用体系建设已经取得了显著的成效，信用机制日益成为行业管理和公司治理中不可或缺的手段，信用建设也在经济发展中做出了重要的贡献。

电力行业是国民经济的基础性行业，也是能源领域的支柱性行业，与社会生产和公众生活密切相关。电网企业关系到国家经济命脉和能源安全，具有十分重要的战略地位，电网企业的信用建设也是我国社会信用体系建设的重要组成部分。在信用经济高速发展的时代背景下，在政府各项信用政策的规划和支持下，开展信用管理工作、加强信用建设已成为电网企业未来发展的必然趋势。这一举措也有利于增强电网企业的运营效率，进一步提升电网企业的风险防控能力，为我国电力市场健康有序发展奠定坚实的基础。

近年来，随着科技水平的迅猛发展与互联网的普及，信息技术与经济社会深度融合引发了数据的海量增长，为信用建设提供了支撑。电力信用数据既包括电网企业各专业管理的信用数据，也包括与电网企业产生关联关系的上下游企业的信用数据。电力企业积极探索对电力信用大数据的管理、分析和应用，既顺应国家相关政策要求，也能促进企业内外部资源整合效率的提高。在此基础上开展信用评价工作并不断拓展评价结果的应用渠道，有利于完善电力企业信用管理机制，加快信用建设的进程，为有效处理复杂信用问题提供新的方法，在社会信用体系建设中发挥世界一流能源互联网企业的示范表率作用。

为推进社会信用体系建设，提高电力信用数据管理与应用的能力，本书以电网企业在信用大数据管理与评价方面的实践为案例，总结电网企业建设信用管理平台、开展全产业链信用评价工作的经验，为电网企业信用管理与评价提供参考，旨在引领电网企业进行更深层次的探索，推动行业信用体系建设。相信它的出版，能够为电网企业和能源行业信用建设提供有益的借鉴，也能在推进社会信用体系建设的进程中发挥一定的价值。

感谢能源局和国家电网有限公司一直以来的支持和指导，也感谢北京政通征信有限公司在本项目和书籍撰写过程中提供的专业信用管理服务。信用建设不是一蹴而就的，而是一个循序渐进、不断深化的进程，展望未来，我国电力企业的信用管理工作仍然有较大的发展空间，需要企业继续开展研究、进一步优化信用数据管理方法、拓展信用评价所覆盖的领域和应用的范围，提升信用管理效率和水平。愿我们共同砥砺前行、开拓创新，为实现电力行业的高质量发展和推进社会信用体系建设做出更大的贡献。

编　者

2022 年 7 月

目　录

第一章

电网企业信用建设概述

电网企业关系到国民经济命脉和国家能源安全，具有重要的战略地位，因此电网企业信用建设也是我国社会信用体系建设的关键组成部分之一。将信用管理引入电网企业，不仅是当今信用社会的必然要求，也是电网企业谋求自身长远发展、进一步保障国家电力运行的基本使命，是促进国家工业现代化建设的必经之路。

第一节　信用经济时代带来的挑战

信用经济时代的一个重要特征就是社会信用体系建设成为经济与社会治理的重要组成部分。近年来，我国出台了多项政策文件，不断完善信用相关制度和管理体系。同时，我国也针对能源企业和国有企业提出了相应的信用建设要求。在这一背景下，为了应对信用经济时代带来的挑战，国家电网公司及省级电网企业制定了相应的信用建设规划，促进了企业整体信用水平的提高。

一、国家对国有企业信用建设的政策要求

信用体系建设是电力行业持续健康发展的重要基础。中共中央、国务院印发的《关于进一步深化电力体制改革的若干意见》（中发〔2015〕9号）提出要"进一步深化电力体制改革，解决制约电力行业科学发展的突出矛盾和深层次问题，促进电力行业又好又快发展，推动结构转型和产业升级"。电力行业作为国民经济的基础性行业，与人民群众的生产生活息息相关，失信行为造成的影响涉及范围很广，因此开展行业信用建设非常重要。

（一）党中央　国务院对加强社会信用体系建设的要求

2014年6月，国务院发布了我国首部国家级信用建设规划《社会信用体系建设规划纲要（2014—2020年）》（国发〔2014〕21号），我国社会信用体系建设进入全面、快速推进阶段，经过多年的扎实推进，目前已取得较为显著的成效。随着政府职能转变和"放管服"改革的深入推进，信用机制、信用手段日渐成为社会管理、市场管理、行业管理的标配，信用体系建设为社会和经济健康发展保驾护航。

2015年7月，国务院办公厅印发《关于运用大数据加强对市场主体服务和监管的若干意见》（国办发〔2015〕51号），要求具有市场监管职责的部门在履职过程中应准确采集市场主体信用记录，建立部门和行业信用信息系统，按要

求纳入国家统一的信用信息共享交换平台。

2015 年 8 月，国务院印发《促进大数据发展行动纲要》（国发〔2015〕50 号），要求推动信用信息共享机制和信用系统建设，实现覆盖各级政府、各类别信用主体的基础信用信息共享。

2016 年 6 月，国务院印发《关于建立完善守信联合激励和失信联合惩戒制度加快推进社会诚信建设的指导意见》（国发〔2016〕33 号），要求建立守信联合激励和失信联合惩戒的信用信息管理系统，实现发起响应、信息推送、执行反馈、信用修复、异议处理等动态协同功能。

2018 年 5 月，中共中央办公厅、国务院办公厅印发了《关于深入推进审批服务便民化的指导意见》，要求切实加强事中事后监管，把更多行政资源从事前审批转到加强事中事后监管上来。加快建立以信用承诺、信息公示为特点的新型监管机制，推动全国信用信息共享平台向各级政府监管部门开放数据，并与政府审批服务、监管处罚等工作有效衔接。

2019 年 7 月，国务院办公厅印发《关于加快推进社会信用体系建设 构建以信用为基础的新型监管机制的指导意见》（国办发〔2019〕35 号），要求在事前环节建立健全信用承诺制度，探索开展经营者准入前诚信教育，积极拓展信用报告应用；在事中环节全面建立市场主体信用记录，建立健全信用信息自愿注册机制，深入开展公共信用综合评价，大力推进信用分级分类监管；充分发挥"互联网+"、大数据对信用监管的支撑作用，切实加大信用信息安全和市场主体权益保护力度，积极引导行业组织和信用服务机构协同监管，强化信用监管的支撑保障。

2019 年 9 月，国务院印发《关于加强和规范事中事后监管的指导意见》（国发〔2019〕18 号），要求强化市场主体责任。建立完善市场主体首负责任制，督促涉及公众健康和安全等的企业建立完善内控和风险防范机制，规范企业信息披露，进一步加强年报公示，推行"自我声明+信用管理"模式，推动企业开展标准自我声明和服务质量公开承诺。

2019 年 10 月，国务院发布《优化营商环境条例》（国务院令第 722 号），该条例指出国家加强社会信用体系建设，持续推进政务诚信、商务诚信、社会诚信和司法公信建设，加快构建以信用为基础的新型监管机制的要求。

2020 年 4 月，中共中央、国务院印发《关于构建更加完善的要素市场化配置体制机制的意见》，要求推动信用信息深度开发利用，加强信用体系建设，完善失信行为认定、失信联合惩戒、信用修复等机制，健全交易风险防范处置机制。

2020 年 5 月，中共中央、国务院正式发布《关于新时代加快完善社会主义市场经济体制的意见》指出，要构建适应高质量发展要求的社会信用体系和新型监管机制；完善诚信建设长效机制，推进信用信息共享。健全覆盖全社会的征信体系，培育具有全球话语权的征信机构和信用评级机构；实施"信易+"工程。

2020 年 7 月，在企业家座谈会的讲话上，习近平总书记指出："社会主义市场经济是信用经济、法治经济。法治意识、契约精神、守约观念是现代经济活动的重要意识规范，也是信用经济、法治经济的重要要求。企业家要做诚信守法的表率，带动全社会道德素质和文明程度提升。"李克强总理在国务院常务会议专题研究信用监管工作时强调，加强信用监管是基础，是健全市场体系的关键，可以有效提升监管效能、维护公平竞争、降低市场交易成本。

2020 年 12 月，中共中央印发《法治社会建设实施纲要（2020—2025 年）》，该法规指出要推进社会诚信建设；加快推进社会信用体系建设，提高全社会诚信意识和信用水平；完善企业社会责任法律制度，增强企业社会责任意识，促进企业诚实守信、合法经营；完善诚信建设长效机制，健全覆盖全社会的征信体系，建立完善失信惩戒制度；结合实际建立信用修复机制和异议制度，鼓励和引导失信主体主动纠正违法失信行为；加强行业协会商会诚信建设，完善诚信管理和诚信自律机制；完善全国信用信息共享平台和国家企业信用信息公示系统，进一步强化和规范信用信息归集共享；加强诚信理念宣传教育，组织诚信主题实践活动，为社会信用体系建设创造良好环境；推动出台信用方面的法律。

2021 年 1 月，中共中央印发《法治中国建设规划（2020—2025 年）》。规划指出加强和创新事中事后监管，推进"双随机、一公开"跨部门联合监管，强化重点领域重点监管，探索信用监管、大数据监管、包容审慎监管等新型监管方式；加快推进社会信用立法，完善失信惩戒机制。

2021 年 1 月，中共中央办公厅、国务院办公厅印发《建设高标准市场体系行动方案》，提出加大"信易贷"模式推广力度，支持开展信用融资；完善市场主体信用承诺制度，依托各级信用信息共享平台和行业信用信息系统，按照有关规定将市场主体的承诺履行情况记入信用记录，作为事中、事后监管的重要依据；推动税收管理、进出口、生态环保、医疗保障、医药招标采购等更多重点领域深入实施信用分级分类监管，根据监管对象信用状况采取差异化监管措施。

2021 年 3 月，十三届全国人大四次会议通过《中华人民共和国国民经济和社会发展第十四个五年规划和 2035 年远景目标纲要》，提出建立健全信用法律法规和标准体系，制定公共信用信息目录和失信惩戒措施清单，完善失信主体信用修复机制，推广信用承诺制度；加强信用信息归集、共享、公开和应用，推广惠民便企信用产品与服务；建立公共信用信息和金融信息的共享整合机制；培育具有国际竞争力的企业征信机构和信用评级机构，加强征信监管，推动信用服务市场健康发展；加强信用信息安全管理，保障信用主体合法权益；建立健全政府失信责任追究制度。

2021 年 3 月，中共中央办公厅、国务院办公厅印发《关于进一步深化税收征管改革的意见》，指出建立健全以"信用+风险"为基础的新型监管机制；健全守信激励和失信惩戒制度，充分发挥纳税信用在社会信用体系中的基础性作用；建立健全纳税缴费信用评价制度，对纳税缴费信用高的市场主体给予更多便利；在全面推行实名办税缴费制度基础上，实行纳税人、缴费人动态信用等级分类和智能化风险监管。

2021 年 8 月 17 日召开的中央财经委员会第十次会议上，习近平总书记强调了金融在现代经济中的核心地位，指出要统筹做好重大金融风险防范化解工作，为此，要深化信用体系建设，发挥信用在金融风险识别、监测、管理、处置等环节的基础作用。

2021 年 12 月，国务院办公厅印发《加强信用信息共享应用促进中小微企业融资实施方案》（国办发〔2021〕52 号），要求各地区、各部门要加快信用信息共享步伐，深化数据开发利用，创新优化融资模式，加强信息安全和市场主体权益保护。

2022 年 3 月，中共中央办公厅、国务院办公厅印发《关于推进社会信用体系建设高质量发展促进形成新发展格局的意见》，要求有序推进各地区、各行业、各领域信用建设。以健全的信用机制畅通国内大循环，强化科研诚信建设和知识产权保护，推进质量和品牌信用建设，完善流通分配等环节信用制度，打造诚信消费投资环境，完善生态环保信用制度，加强各类主体信用建设。以良好的信用环境支撑国内国际双循环相互促进，优化进出口信用管理，加强国际双向投资及对外合作信用建设，积极参与信用领域国际治理。以坚实的信用基础促进金融服务实体经济，创新信用融资服务和产品，加强资本市场诚信建设，强化市场信用约束。以有效的信用监管和信用服务提升全社会诚信水平，健全信用基础设施，创新信用监管，培育专业信用服务机构，加强诚信文化建设。

（二）国家对能源企业信用建设的要求

从 2016 年起，在国家能源局的大力推进下，包括电力行业在内的整个能源行业信用体系建设进入快速推进阶段，相关制度文件陆续出台，信用平台和网站建设已经启动，信用评价、信用联合奖惩等重点工作扎实推进。

2016 年 12 月，国家能源局印发《能源行业信用体系建设实施意见（2016—2020 年）》（国能资质〔2016〕350 号），提出开展能源企业诚信承诺活动，加大诚信企业示范宣传和典型失信案件曝光力度，引导企业增强社会责任感，在企业经营管理各环节强化信用自律。鼓励和指导能源企业加强企业信用管理，防范信用风险，提升企业综合竞争力。强化企业在发债、借款、担保等债权债务信用交易及生产经营活动中诚信履约的能力。督促能源企业加强信用管理制度建设，设计科学的信用管理流程，建立内部职工诚信考核与评价机制，构建完善的事前预防、事中管控和事后追责的信用风险管控机制。

2016 年 12 月，国家能源局印发《能源行业市场主体信用信息归集和使用管理办法》（国能资质〔2016〕388 号），鼓励自然人、法人和其他组织在开展金融活动、市场交易、企业治理、行业管理、社会公益等活动中应用能源行业市场主体信用信息，防范交易风险，促进行业自律，推动形成市场化的激励和约束机制。鼓励社会征信机构加强对能源行业市场主体信用信息的使用，开发和创新信用服务产品。

2017 年 8 月，国家能源局印发《能源行业市场主体信用评价工作管理办法（试行）》（国能发资质〔2017〕37 号），该文件要求能源行业主管部门在项目核准（备案）、市场准入、日常监管、政府采购、专项资金补贴、评优评奖等工作中，应加强信用评价结果应用；鼓励能源行业组织加强行业信用管理建设，对守信主体采取重点推荐、业内表彰、提升会员级别等激励措施，对失信主体采取业内警告、通报批评、降低会员级别、取消会员资格等惩戒措施。鼓励市场主体在生产经营、交易谈判、招投标等经济活动中使用信用信息和信用评价结果，对守信主体采取优惠便利、增加交易机会等降低市场交易成本的激励措施；

对失信主体采取取消优惠、提高保证金等增加交易成本的惩戒措施。大型国有企业是社会信用体系建设的重要参与者和推动者，作为能源行业的特大型国有企业和国家能源安全的国有重点骨干企业，国家电网公司应积极响应国家的相关要求，顺应政府及社会的信用新规则，带头做好自身及上下游企业的信用管理，积极探索对电力信用大数据的分析和应用，先行先试，开拓创新，在社会信用体系建设中发挥具有中国特色国际领先的能源互联网企业示范表率作用。

2017年12月，国家能源局印发《能源行业信用信息数据归集工作方案》（国能综通资质〔2017〕114号），指出以《能源行业信用信息数据清单》（国能综通资质〔2017〕105号）为依据，以能源行业市场主体的基本情况、良好记录、不良记录等信用记录为重点，依托能源行业信用信息平台，建立具备合法性、准确性和完整性的信用信息档案，实现信用信息电子化归集、存储、共享和数据化管理。

2018年7月，国家能源局印发《国家能源局综合司关于开展承装（修、试）电力设施企业信用监管试点工作的通知》（国能综通资质〔2018〕117号），指出要以构建信用为核心的新型监管机制为主线，以企业信用信息为基础，以信用状况分类为指引，以信用信息在事前、事中、事后差别化分类监管为重点、制订完善企业信用分类制度和监管措施，实施信用全过程闭环监管，推动联合奖惩机制落地见效。其主要工作内容包括全面归集试点区域内承装（修、试）企业信用信息，建立企业信用档案，制定承装（修、试）企业信用分类制度，科学合理地开展企业信用状况分类，开展承装（修、试）企业差别化信用监管。针对不同信用类型的承装（修、试）企业，在事前资质审查、事中、事后各监管环节实施差别化分类监管措施。

2019年3月，国家能源局印发《能源行业市场主体信用修复管理办法（试行）》（国能发资质〔2019〕22号），鼓励和引导能源行业失信主体主动纠正失信行为，消除不良影响，形成良好的行业诚信氛围。文件对能源行业市场主体申请信用修复条件、信用修复程序、监督管理进行规定。失信信息认定单位按照"谁认定、谁修复"的原则开展信用修复的受理、确认等工作。能源行业信用体系建设领导小组办公室（设在国家能源局电力业务资质管理中心）负责信用修复的监督管理和综合协调。能源行业信用信息平台运行单位负责根据信用修复确认结果，停止失信信息的公开披露，同时不再将失信信息作为失信惩戒的依据。

2019 年 10 月，国家能源局发布《国家能源局关于实施电力业务许可信用监管的通知》（国能发资质〔2019〕79 号），主要目标是建立健全贯穿事前、事中、事后全过程的电力业务许可信用监管机制，健全完备科学规范的信用等级评定与分类标准，顺畅运行动态管理的平台系统，全面发挥以信用为基础的新型监管机制作用，"守信者无事不扰、失信者利剑高悬"的信用监管格局基本形成，电力业务许可监管水平大幅提升，监管对象诚信意识显著增强，公平竞争、诚实守信的市场环境和行业氛围持续优化。具体工作包括全面规范应用信用等级及分类监管措施、加强信用平台应用、优化电力业务许可事前审批、分类开展电力业务许可事中检查、规范实施电力业务许可事后监管、推动实施协同监管。

2020 年 4 月，国家能源局发布《国家能源局 2020 年资质管理和信用工作要点》（国能综通资质〔2020〕31 号），包括深入推进信用监管，打牢信用数据和平台基础、强化信用信息统计分析和监测预警、规范信用修复和失信联合惩戒工作、组织能源行业协会和相关市场主体加强信用建设、建设全国统一的资质和信用信息系统等。

（三）国家对强化国有企业风险管理的要求

2006 年，国务院国有资产监督管理委员会印发《中央企业全面风险管理指引》（国资发改革〔2006〕108 号），标志着我国有了全面风险管理指导性文件，强调企业应对收集的风险管理初始信息和企业各项业务管理及其重要业务流程进行风险评估。2013 年，国务院国有资产监督管理委员会办公厅印发《关于 2014 年中央企业开展全面风险管理工作有关事项的通知》（国资厅发改革〔2013〕74 号），提出要大力防控现金流风险、健康安全环保风险、投资风险、市场风险和信用风险等。要建立风险管理报告制度，强化风险管理信息沟通机制。要探索建立风险管理评价与考核制度。

2017 年 1 月，国务院国有资产监督管理委员会印发《中央企业投资监督管理办法》（国务院国有资产监督管理委员会令第 34 号），要求中央企业应当建立投资全过程风险管理体系，将投资风险管理作为企业实施全面风险管理、加强廉洁风险防控的重要内容。强化投资前期风险评估和风控方案制订，做好项目实施过程中的风险监控、预警和处置，防范投资后项目运营、整合风险，做好项目退出的时点与方式安排。

2018 年 9 月，中共中央办公厅、国务院办公厅印发《关于加强国有企业资产负债约束的指导意见》。该文件指出加强国有企业资产负债约束是打好防范化解重大风险攻坚战的重要举措，要求国有企业集团公司进一步强化子企业资产、财务和业务独立性，减少母子企业、子企业与子企业之间的风险传染；要求建立科学规范的企业资产负债监测与预警体系，科学评估其债务风险状况，并根据风险大小程度分别列出重点关注和重点监管企业名单，对其债务风险情况持续监测；严格高风险业务管理；支持国有企业通过股债结合、投贷联动等方式开展融资，有效控制债务风险。

2019年2月，中共中央办公厅、国务院办公厅印发《关于加强金融服务民营企业的若干意见》，要求政府部门、大型国有企业特别是中央企业要做重合同、守信用的表率，认真组织清欠，依法依规及时支付各类应付未付账款。要加强政策支持，完善长效机制，严防新增拖欠，切实维护民营企业合法权益。

2019年4月，国务院印发《改革国有资本授权经营体制方案》（国发〔2019〕9号），要求加强企业行权能力建设，夯实管理基础；不断强化风险防控体系和内控机制建设，完善内部监督体系，有效发挥企业职工代表大会和内部审计、巡视、纪检监察等部门的监督作用。

2019年10月，国务院国有资产监督管理委员会印发《关于加强中央企业内部控制体系建设与监督工作的实施意见》（国资发监督规〔2019〕101号），要求优化内控体系。建立健全以风险管理为导向、合规管理监督为重点，严格、规范、全面、有效的内控体系。进一步树立和强化管理制度化、制度流程化、流程信息化的内控理念，通过"强监管、严问责"和加强信息化管理，严格落实各项规章制度，将风险管理和合规管理要求嵌入业务流程。

2019年11月，国务院国有资产监督管理委员会印发《关于进一步推动构建国资监管大格局有关工作的通知》（国资发法规〔2019〕117号），要求统筹加强国有资产监督。各级国资委要进一步优化调整出资人监督机制，加强业务监督，探索完善综合监督，不断深化责任追究，加快构建三位一体的出资人监督工作闭环，加强与审计、纪检监察、巡视等外部监督力量的有效衔接，提升监督合力，切实防止国有资产流失。指导推动地方国有企业全面加强风险管理和内控体系建设，提高企业内部监督机制有效性，切实增强抗风险能力。

2020年1月，中共中央印发《中国共产党国有企业基层组织工作条例（试行）》，要求推动国有企业深化改革，完善中国特色现代企业制度，增强国有经济竞争力、创新力、控制力、影响力、抗风险能力，为做强、做优、做大国有资本提供坚强政治和组织保证。

2020 年 9 月，国务院国有资产监督管理委员会印发《关于深化中央企业内部审计监督工作的实施意见》（国资发监督规〔2020〕60 号），要求加大对高风险金融业务的监督力度。加大对金融业务领域贯彻中央重大决策部署、执行国家宏观调控和经济金融政策等方面审计力度，重点关注脱离主业盲目发展金融业务、脱实向虚、风险隐患较大业务清理整顿以及投机开展金融衍生业务、"一把手"越权操作、超授权交易等内容。

二、国家电网公司信用建设总体要求

（一）建设思路

国家电网公司立足建设"具有中国特色国际领先的能源互联网企业"的战略目标，以"具有中国特色"为根本、"国际领先"为追求、"能源互联网"为方向，落实党中央诚信建设的决策部署，打造具有中国特色的治理模式。以大数据分析评价为手段，聚焦"诚信文化建设""诚信能力提升""信用管理强化""诚信品牌塑造"四大重点方向，建立贯穿事前、事中、事后全过程的信用管理和风险防范体系，打造基于全业务大数据分析的信用信息平台。全面落实国家电网公司合规管理各项要求，有效防范信用风险，及时整改失信问题，形成覆盖上下游利益相关方各环节的"信用链"，带动崇尚诚信、践行诚信行业风尚。

（二）建设要求

1. 建立内部信用管控工作机制

建立覆盖国家电网公司、省级公司、地市级公司三级信用管理机构，明确各级单位信用管理岗位与职责分工，形成纵向联动、横向协同的信用管理工作机制。规范信用事件跟踪推进机制，常态化推动信用改进工作，将失信及风险事件管理关口前移，做到早发现、早处置，避免信用事件风险升级。组织开展自查自纠和专题分析，梳理各专业信用隐患点，形成负面清单管理，定期进行信用隐患排查，及时采取有效措施予以妥善清除。

按照失信事件、失信风险事件、失信隐患逐步完善信用事件目录体系，分级分类管控，重点关注县公司和集体企业等薄弱环节，从基层源头加强隐患排查、风险事件快速妥善应对，避免事件升级。积极开展涉电主体失信联合惩戒，从欠电费、盗窃电、损毁电力设施等典型涉电主体失信行为入手，依托公司信用信息平台与信用网站加强对企业失信行为监督、预警，评价结果广泛应用在市场准入、工程招标、电力交易、物资采购以及评级评优等方面，全面发挥采信政策和惩戒机制作用，并利用大数据分析技术对采集的信用信息数据进行处理，确定信用评价等级，深化信用评级应用。

2. 建立与外部机构信用信息共享联动机制

按照国家政策规则要求，向国家发展改革委员会等政府部门提供市场主体的信用信息，促进企业履约和信用状况透明公开，与银行、工商、司法、税务、国家能源局等国家部委机构建立常态沟通机制，积极反映公司信用评价方面的诉求，推动能源行业信用信息集成、共享和使用，完善信用信息公示、预警机制。与国家信息中心等国家机构积极开展合法合规信用信息采集的相关工作，保障信用信息获取、使用的合法性、合规性。配合国家开展失信联合惩戒，根据国家发展改革委员会等机构有关国家电网公司上下游实体的失信联合惩戒需求，按照相关制度法规要求对失信主体实施联合惩戒。

3. 打造国家电网公司信用信息共享平台

以技术先进、数据高度安全、架构可伸缩为原则，以电力数据为特色，采集企业各类数据，构建指标体系与信用模型，打造国家电网公司信用信息平台，推动信用信息平台与国家电网公司各专业管理信息系统、能源行业信用信息平台和外部征信平台顺畅对接。规范失信及风险事件的发现、告警、处置、评价、撤销的全流程管控，收录各级单位以及各专业信用信息数据，达到信用事件即时感知，任务安排及时明确，处置过程规范透明，评价结果专业权威，改进国家电网公司整体信用管控质量。建立信用领域知识库和共享机制，在合理的范围内充分共享失信及风险事件处置的典型经验、疑难解答、操作指南、标准规范等知识和信用信息，整体提升信用意识及信用事件处置效率。

4. 构建形成"信用国网"数字生态圈

围绕国家电网公司"一体四翼"发展布局，以统一性、安全可靠、实用性和先进性为建设原则，以"1253N"为框架，即一中心、两定位、五能力、三方面、N方向，构建面向"十四五"的企业级信用生态圈，以公司内外部信用数据资源整合为基础，人工智能、大数据分析、区块链等互联网新技术为手段，建立具有安全性、专业性、智能化、灵活性特征的企业级信用服务中心，确定对内开展信用管理和对外提供信用服务的"两定位"，锻造服务电网业务、金融业务、国际业务、支撑产业以及战略性新兴产业的"五能力"，服务于政务信用、商业信用、金融信用的"三方面"，探索服务碳交易市场业务、智能制造、绿色能源消费和双循环等"N方向"，进一步彰显国有企业的信用价值。

5. 营造诚信氛围

应用新媒体技术加强信用知识有效传播，突出诚信主题，加强与政府宣传部门、新闻媒体和网友的交流，构建良好公共关系，充分展示诚信建设成果，积极宣传推广信用体系建设工作经验，针对财务管理、营销服务、物资管理、工程施工管理等重点岗位人员进行廉洁和诚信意识教育，全面提升全员对诚信的认识和重视程度，将诚信由道德层面向实际可操作层面转化。

三、省级电网企业信用管理工作思路

（一）信用建设现实需求

省级电网企业以习近平新时代中国特色社会主义思想为指导，以党建为引领，以安全为基础，以客户为中心，以服务为根本，以改革为牵引，以创新为动力，以队伍建设为保障，更好地服务经济社会发展，为建设具有中国特色国际领先的能源互联网企业做出积极贡献，主动落实国家社会信用体系和国家电网公司"诚信国网"建设要求，主动适应监管监督要求，加快构建制度完备、覆盖全面、管控科学、运转高效的合规管理体系，充分发挥"三道防线"作用，坚决杜绝管理不到位、穿透力不强、执行层层衰减等问题，防范各类风险隐患。"拓展信用信息管控平台功能，深入开展信用评价，建立健全信用体系"是省级电网企业全面推进提质增效的重点任务之一。结合数据中台的建设，将散落在不同信息系统中的内部数据进行整合，并综合电网企业、供应商、电力用户在市场和社会中的外部信用表现数据，形成电力信用大数据，构建对电网全产业链的综合信用管理机制，提前分析和预警信用风险的发生，全面提高公司风险防范能力和信用管控水平。

目前省级电网企业信用管控工作面临的问题和困难，具体如下：

1. 提升失信事件发现的及时性和准确率

省级电网企业及下属单位发生的失信事件及失信风险事件，往往在相关执法网站上公示一段时间后才被发现，导致事件处置工作错过了最佳处置时间，处置起来略显被动，同时还对公司的信用状况造成了一定的负面影响。另外，对于省级电网企业监控的范围及失信事件和失信风险事件的管理还需进一步规范化，以保证覆盖的全面性，避免出现遗漏。

2. 提升失信事件的处置效率

失信事件形成的原因往往较为复杂，事件处置起来会面临许多困难和挑战。这导致的直接后果是事件处置时间延长，事件处置负责人在高压下容易产生急躁情绪，忙中出错，产生许多连带的负面影响，这种情形不利于失信事件的顺利处置。

3. 加强建设事前预防手段

由于信用管控工作是一项全新的工作任务，要想达到全面防范信用风险的信用管控目标，重点在预防，而对于如何有效预防缺少具体的思路和落地手段。

4. 加强与专业部门的协同管控

信用管控工作与财务、营销、经法、物资、基建等各个专业工作密不可分，不能割裂地单独看信用工作，而应该按照既管业务又管信用的原则，将信用与具体业务紧密结合。与各个专业紧密协同是做好信用管控工作的必要要素，这有助于更好地保证公司诚信经营。

（二）省级电网企业信用建设要求

失信联合惩戒工作是省级电网企业一项全新的管理业务。国家电网公司明确提出国网信用工作的4个百分百的工作要求，即百分百监测、百分百预警、百分百处置、百分百整改，全力维护公司持续健康发展的经营环境。对信用建设提出如下要求：

1. 提高对失信联合惩戒工作的认识

从党的十八大提出要加强社会诚信建设以来，党中央、国务院加大了信用体系建设工作力度，社会信用体系建设进入了快车道。党的十九大报告中又明确要求推进诚信建设、强化社会责任意识、健全失信信息强制性披露、严惩重罚等制度，要构建"一处失信、处处受限"的信用惩戒大格局。

国家电网公司加大了对各级单位失信事件的监控、通报和考核力度，将失信"黑名单"事件纳入通报考核。要求各部门、各单位进一步提高认识，根植法治意识，增强法治思维，摒弃宁违法，不违规的思想，不得以内部管理要求对抗法律规定。要深入学习了解本专业范畴内的相关法律法规、制度标准等文件要求，全面梳理、准确识别可能造成本专业发生失信行为的各个风险点，提前做好各项防范工作。

2. 强化专业管理的责任落实

针对电力领域的失信行为，国家发改委在加强和规范失信联合惩戒管理工作的实施意见中有明确的认定标准，国家电网公司也对总部各专业部门失信联合惩戒工作职责进行了明确分工。

省级电网企业强化专业管理要求，并依据国家和国家电网公司对于失信行为的认定标准和内容分工，结合各专业管理实际，梳理、细化、补充制订本专业失信内容或风险点。同时要强化专业纵向管控力度，逐级落实主体责任，上下联动，不断提高专业管理失信风险识别、防范和化解能力。

3. 建立健全各项工作机制

省级电网企业失信联合惩戒工作的牵头部门要加快建立健全预警防范、应急处置、问责考核等工作机制。各部门、各单位也要建立相应工作机制，定期组织本专业内各级单位全面开展信用自评价，查找专业管理存在的信用风险点和薄弱环节，有针对性地组织实施整改提升。强化各专业上下协同联动，做好专业风险的实时监测和应急处理，筑牢信用风险防线。要深化专业失信联合惩戒工作情况监控，各部门要关口前移，对于可能造成的失信事件要及时发现、及时通报，构建联合治理的工作机制。

第二节　电网企业信用管理的重要性

从企业地位上看，电网企业是国有重要骨干企业，而电网企业信用建设的实践经验为推广中国特色的企业信用管理模式提供了重要参考；从企业自身来看，电网企业信用管理是深化国有企业改革、建设国际化品牌的重要手段；从行业发展来看，电网企业信用管理有利于信息科技的引入，对于提升我国能源利用效能、建设能源生态圈具有重要作用。因此，电网企业加强信用管理意义重大。

一、发展具有中国特色的企业信用管理

（一）落实党中央社会信用体系建设部署要求

明确坚持党的全面领导是中国特色社会主义最本质的特征和最大优势，是国家电网公司的"根"和"魂"。国家电网公司的各个层级都必须不折不扣地落实党中央各项决策部署，牢记党中央设立国家电网公司的初衷和新时代党赋予的职责使命，自觉把公司工作放到党和国家事业大局中去审视、去部署、去推动。党中央、国务院高度重视社会信用体系建设，多次在各级会议上部署相关

工作，明确建设的方向和目标。国家电网公司作为特大型国有重点骨干企业，肩负重大政治责任、经济责任和社会责任，亟需率先提升企业信用管理的意识，展开信用管理探索，充分发挥国有企业在社会信用体系建设中的示范表率作用。

（二）建立完善中国特色国有企业制度

国有企业改革是公司转变发展方式、转换发展动能、实现高质量发展、践行"六个力量"的必由之路，必须增强国有经济竞争力、创新力、控制力、影响力和抗风险能力；必须全面深化国有企业改革，突出"市场化、透明度、高效率"，建立完善中国特色现代国有企业制度；必须坚定不移实施创新驱动，系统推进国家电网公司科技、业务、管理全方位创新，持续增强自主创新能力，加快培育发展新动能。国家电网公司应该建立符合中国特色的企业信用管理制度，以制度促进企业管理透明化，提升企业管理效率，以信用管理的制度配合信用管理应用发展，推进公司科技、业务、管理等方面全方位的创新。

二、打造国际领先现代化企业标杆

（一）以优化公司管理体制机制推动公司管理全面升级

领先意味着走在最前列，具有引领示范作用，能够作为表率和标杆。与"先进"和"一流"相比，领先是对企业更高的要求，更强调引领作用和对其他企业的影响力，不满足于达到其他企业设定的最优标准，而是本身已经成为最优标准。在新一轮科技革命和产业革命浪潮中，复杂外部形势对企业管理理念和治理能力提出了更高的要求。企业治理领先要求企业治理能力和水平要具有中国特色，相应的治理模式要能成为全球现代企业样本。具体来说，国家电网公司应当持续优化公司管理体制机制，建立健全现代企业信用管理制度，优化集团管控模式，完善以信用为基础的差异化管控体系，运用信用分类管理等方法，持续优化公司各个关节的业务流程和管理机制，进而不断提升管理效能。

（二）以深化品牌建设提升公司品牌国际影响力

根据国内外学术机构、企业和专家学者的研究，国际领先企业的共同特征之一，不仅在规模、效益、技术、产品和服务等可见的、容易量化的硬实力指标上具有领先地位，而且在企业管理理念、企业品牌形象和企业文化等深层次、根本性、难以量化的要素上也能够发挥示范作用，成为其他企业效仿的对象。这要求国家电网公司充分发挥公司科技引领作用和产业带动作用，推动行业转型升级，带动上下游产业链共同发展信用建设，落实国家要求，推动能源行业形成良好信用环境，从而进一步提升公司品牌美誉度和国际影响力。

三、积极推动信用生态工程带动能源互联网建设

（一）实现智慧决策与精准控制

信息支撑体系承载信息流，是能源互联网的神经中枢，是覆盖能源开发利用各环节及相关社会活动信息采集、传输、处理、存储、控制的数字化智能化系统，以互联网技术为手段提升能源网络的资源配置、安全保障和智能互动能力。国家电网公司应该利用现代信息网络技术改造提升传统电网，聚焦数字化、网络化和智能化发展，广泛应用 5G、人工智能等先进信息网络技术推动传统电网升级，不断提升电网的资源配置能力、安全保障能力和智能互动能力，以数字化推动电网朝着智慧化方向发展。

（二）打造能源生态圈

价值创造体系是能源互联网的价值实现载体，其承载的业务流是在深度融合能源网架体系和信息支撑体系的基础上开展的各类业务活动和价值创造行为，以赋能传统业务、催生新的业态、构建行业生态为重点实现价值的共创和共享。国家电网公司需要以机制与业态创新为抓手，推动形成开放市场和共享生态，推进全国统一电力市场建设，加强与相关能源市场的协同运营，汇聚各方力量促进业态创新和跨界融合，培育发展新动能，推动形成各方友好互动、资源高效配置的市场体系和共建、共治、共享的能源互联网生态圈。

四、推进社会信用体系建设高质量发展

在现代市场经济中，信用无处不在。信用关系的发展拓展了交易活动的时空界限；信用销售的扩大为企业"开疆辟地"乃至建立全球化的市场营销网络提供了现实可能性；拥有良好信用的企业在融资、产品和服务销售、市场竞争中将具有更多的优势，而相比之下失信企业的活动则越来越受限。但中国目前的现状是了解信用管理重要性的企业并不多，建立科学规范有效的全流程企业信用管理制度和体系的企业更少。坏账积压、融资受限、客户关系恶化、社会声誉受损等问题困扰着众多企业，信用管理的缺失很大程度限制和阻碍了中国企业的发展，并通过各种经济关系链条传播影响到整个社会的和谐发展。在当今经济全球化、新冠疫情影响的大环境下，中国企业将面对更加激烈的全球化市场竞争，且更需要进行资金链流动性管理，加强企业信用管理刻不容缓。

（一）以现代企业信用管理体系助力企业高质量发展

对于企业来说，企业信用管理是现代企业管理的核心内容之一，是构建现代企业管理体系、提升企业市场竞争力、缓解经济下行压力下资金紧张的重要手段和措施。

企业信用管理能够有力支撑构建现代企业管理体系，以防范、控制、化解企业的信用风险。在买方占据优势的市场条件下，企业要获得市场竞争力，提供信用销售是必不可少的有效途径。信用销售作为一种信用经济活动存在一定的信用风险，企业必须建立完善的企业信用风险管理制度，在决定对客户授信之前，对客户的信用信息进行收集和分析，筛除资信状况不佳的客户，有效地控制信用风险和经济损失。在应收账款业务程序控制中，企业信用管理部门对应收账款进行跟踪、监控，采用适当的收款和追款方式，及时发现并有效控制可能的信用风险，使信用风险降到最低程度。加强企业信用风险管理不仅能够避免客户拖欠账款、违反合约现象的出现，还能通过加强合同签订审查、确保合同效力来保证企业资产不受损失。同时，信用风险管理能够为企业建立良好的信誉，规避企业与客户在生意往来中的信用风险，提升企业在市场竞争中的优势地位，进而能够及时抓住市场机遇，促进企业良性发展。

企业信用管理能够有效提升企业的综合竞争力，提高企业的规模、盈利能力和信誉。企业信用管理可以减少企业管理费用、财务费用，增加销售收入，增加外源融资，缩短应收账款的平均回收期，提高企业市场占有率和综合经济效益指标。完善的企业信用管理改善了企业对客户的服务质量，形成集客户资信管理制度、内部授信制度、应收账款管理制度和信用风险转移制度等在内的综合管理制度，并在项目决策中不断实现企业价值的最大化，使企业的各项财务指标得以优化。诚信是企业赖以生存的基础，也是企业核心竞争力的重要组成部分。现代企业之间的竞争不仅仅是产品质量和价格的竞争，更重要的是企业品牌、企业形象的竞争。企业只有高度重视诚信建设，才能在市场竞争中赢得信誉，提高企业的知名度和美誉度，从而健康持久地在市场发展下去。随着社会信用体系建设的不断完善和失信惩戒机制的落实、深化，不讲诚信的企业在各项活动中将越来越受到来自政府、社会、行业上下游方方面面的约束和限制，信用将成为影响企业的核心竞争优势的因素之一。

企业信用管理能够缓解经济下行压力下的资金紧张。近期，国际市场形势的波动，加之新冠疫情的冲击，给经济发展增添了许多不确定性，融资难成为困扰企业发展的问题。企业资金筹集的基础是企业的信用，换言之信用建设是解决企业资金紧张的基本途径之一。现阶段，中小企业发展滞后、市场消费需求不足、民间投资乏力等一系列经济问题，都与信用建设不完善息息相关，资金不足已成为制约中小企业发展最重要的因素。此外，只有企业信用良好，提供优质的产品与服务，才能让消费者放心消费，从而拉动市场需求；没有良好的信用环境保障，投资者的投资决策也会受到很大的负面影响。因此面对紧缩的经济环境，企业信用管理能够与政府相关的政策共同发力，缓解资金紧缺的局面。

（二）以良好社会信用环境加速形成双循环新格局

企业信用管理是进一步规范信用市场秩序、推动社会信用体系建设、加快与国际市场接轨的强大动力。

企业信用建设能够进一步规范市场经济秩序，完善中国特色社会主义市场经济。市场经济是建立在法制基础上的信用经济，良好的社会信用是现代经济正常运转的根基，是社会主义市场经济健康发展的前提和保证。多年来，制售假冒伪劣商品、发布虚假广告、恶意拖欠逃废债务等各种违法违章和商业欺诈行为时有发生，其重要原因之一就是企业信用缺失、信用管理薄弱。因此，只有加强企业的信用管理，消除失信、欺诈的根源，才能从根本上规范企业经营行为，促进市场经济秩序好转，保障市场经济的健康发展。企业信用管理的发展和完善为企业开辟了新的直接投融资渠道，促进了征信业和资信评级业的快速发展，提高了企业经营投资的透明度，可以防止欺诈行为，规范市场。市场信用环境的形成增强了信用的社会监督力量，使无形的监管范围更广、弹性更大、包容性更强，并成为政府监管的有益补充，共同构筑起中国特色社会主义市场经济。

企业信用管理能够推进社会信用体系建设，形成良好的社会风尚。我国首部信用国家级规划中提出要以推进政务诚信、商务诚信、社会诚信和司法公信建设为主要内容。商务诚信是企业之间、企业与消费者之间和谐关系的体现，是社会信用体系建设的重要组成部分，商务诚信建设为市场经济的有序发展提供制度保障。因此企业信用管理是整个社会信用体系建设的重要组成部分，抓好企业信用建设必将对社会信用体系建设起到积极的推动作用。企业只有讲求诚信、自觉防范和抵制违法违章行为才能正确处理与消费者及其他经营者的关系，进而真正赢得广大消费者及其他经营者的信赖，为以后的稳定与发展保驾护航。诚信是社会主义核心价值观的重要内容，也是中华民族优秀传统美德之一。信用的缺失不仅扰乱了经济秩序，也冲击着人们的道德观念，影响社会秩序的稳定。信用不仅是为人处事的原则，也是一个企业乃至一个民族、一个国家的立足之本。企业作为实体经济运转中的重要部门，连接着大量的民众和政府监管部门，企业做好信用管理工作能直接对社会产生重要影响，助力构建良好的信用环境。良好的信用环境不仅关系到企业和社会公众的经济利益，还关系到国家的长治久安。

企业信用管理有助于我国和国际市场接轨。随着社会主义市场经济的逐步完善和政府职能的转变，各地区间的经济竞争越来越体现在企业投资经营环境和整体竞争能力上。市场经济意味着市场上大多数的经济资源要相对自由地流向效益高的地区，比如资金、技术、管理经验、人才等生产要素会积极流向投资经营环境好、投资回报率高的地区。而信用体系的建设无疑是改善企业投资经营环境、吸引市场生产要素、提高地区经济竞争力的重要环节。因此加强企业信用建设有利于增强我国经济竞争力。同时企业信用是国际市场运行的重要纽带，是我国开展对外贸易和国际经济合作的重要资源，也是网络时代电子商务的灵魂。我国的对外开放进程不断深化，但缺乏信用的市场和社会不利于开拓国际市场，更难以吸引外资、技术和人才。因此要加强企业信用管理，建立科学、完整、有效的信用管理制度和体系，加快我国企业与国际市场接轨的步伐。

第二章

企业信用管理理论基础

企业信用管理理论基础主要包括三维信用理论和大数据应用理论。不同的理论体系为企业信用管理实践提供了不同的指导方向，促进了信用管理手段和方式的多样化。

加强信用管理有助于企业在控制信用风险的同时获取更大的经济效益，因此，信用管理理论的应用对于企业的生产经营具有重要的价值。

第一节 企业信用管理概念及特点

一、企业信用管理理论的内容

企业信用管理指对企业信用风险进行识别、防范、转移和控制的管理技术、操作规程和制度安排。信用风险是因受信方无能力和/或无意愿履行承诺而导致授信方潜在损失的可能性，对于企业而言，其信用风险主要来源于客户财务状况及履约意愿，带来的损失除无法收回的货款外，还包括拖欠货款带来的机会成本。

企业信用管理具有实践性、指向性、短期性的特点。实践性指企业信用管理是与企业的具体赊销或预付等行为紧密且直接相关联的。企业信用管理的实践性要求企业以谋求综合发展为导向，且必须尊重自身条件和行业特点，在企业信用目标和信用管理具体方法的制定中充分考虑自身实际状况。指向性主要体现为企业信用管理有明确目标、规模和方向性。企业信用的主体是参与赊销或预付的双方，其信用额度受到贸易规模和企业资金规模的限制，授信和受信身份则取决于企业在该交易中的身份。此外，企业信用管理有较为显著的期限限制。企业回笼资金需要确保现金流，满足企业进行持续经营和再生产的需求，因此企业资金周转时间存在客观限制，属于短期资金融通。

在企业信用管理过程中，授信方通过信用销售等形式赋予受信方信用以实际价值，受信方信用越好，则对其信用政策条件相对更为宽松，从时间价值的角度来看减少了一定成本。同时，授信方通过这种方式在控制信用风险的前提下保障市场占有率，提高综合竞争力。通过企业信用管理的渠道，良好的信用对买卖双方而言都能够有效地创造价值。

二、企业信用管理的行业应用

以电力行业为例，由于电力产品的特殊性，生产和消费一般同时完成，因此电力行业一般采取"先供电,后交钱,一月一结"的赊销结算模式,行业应收账款大部分来源于此。但目前的电费结算模式往往令电力行业企业处于被动地位,一方面,用电作为客户的基本生产需求,拖欠电费就意味着客户经济严重困难或者没有后期继续用电需求,电费追缴的成功率往往不高;另一方面,由于用电客户的构成复杂性、行为不确定性等因素,供电企业无法实时了解用户的具体情况,前期缴费参考意义不大,欠费发生的可预见性不高,不能提前采取防范措施。

以合同签订协议期限为标准,将整个周期划分为合同签订前、合同期内和合同到期后;同时,在合同期内以结算周期为单位,划分为事前、事中、事后三个阶段。合同签订前,电力行业企业可以对下游企业多个维度的信用水平进行评估并建立信用档案,以下游企业的信用水平为参照,在具体条款中加以考量和适当体现;合同期内,电力行业企业在事中应当及时跟进下游企业用电状况和经营可持续性,事后加强对电费回收阶段数据统计真实性的核查,加强账款追收力度并及时更新客户信用档案;合同到期后,企业应根据客户信用数据库对下游企业进行三维综合评估,并在未来合作中加以参考和应用。

不同企业生产能力和上下游客户信用状况不尽相同,无法统一信用管理评价具体标准和数据,但过度细化企业信用管理政策和模型分类会造成不必要的成本。因此,作为介于市场宏微观之间的枢纽,以行业领域为单位可以平衡效用与成本,为企业信用管理的建设提供切入角度。

在电力行业中可以充分发挥行业层面的信用信息与数据采集优势,从事前、事中、事后三个阶段在企业进行信用管理设计时合理合规地提供必要的信用信息。事前企业应整理加工客户信用信息,以客户信息为依据,以分析模型为工具,评估客户的信用状况并授予信用额度和采用的结算方式,保障后期应收账款回收率;事中需跟踪客户动态,保证信用风险总体可控,并及时采取相应措施;事后应更新客户信用档案,完善行业征信数据库。

第二节　三维信用理论与应用

吴氏信用理论是对信用一般活动规律开展基础性研究的应用性新兴学说。三维信用理论和信用产业链理论是吴氏信用理论体系框架的子理论,其中三维信用理论是吴氏信用理论的核心。三维信用理论包括诚信度、合规度、践约度三个维度。在该理论的指导下，行业信用体系可以分为诚信文化体系、合规管理体系及经济交易体系，提升了行业信用建设的科学性和全面性。信用产业链理论指出了信用产业链的内容和结构，有利于细化企业信用管理对象，从而采取针对性的信用管理措施。

一、三维信用理论及其行业应用

（一）三维信用理论的内容

三维信用理论认为，信用是获得信任的资本。信用是信用拥有者在社会关系、经济交易等活动中以自己的意愿、能力、行为获得他人信任而实现的价值。信用拥有者即信用主体，也即政府、企业、自然人。信用是信用主体的一种资本，是一种价值实现，是一种财富，可以交易、度量和管理，有社会价值、经济价值和时间价值。

具体来看，信用资本综合了社会与经济领域的相应内容，由诚信度、合规度、践约度三个维度构成。

一维诚信度是信用主体获得社会公众信任的基础资本。诚信度表现为信用主体的基本诚信素质，涉及信用主体的道德文化理念、精神素养、意愿、能力及行为，体现的是信用主体的信用价值取向。

二维合规度是信用主体获得管理者信任的社会资本。合规度表现为信用主体在社会活动中遵守社会行政管理规定、行业规则、民间惯例、内部管理规定的意愿、能力与行为结果，涉及信用主体的一般社会活动，体现的是信用主体在社会活动中的信用价值取向与信用责任。

三维践约度是信用主体获得交易对手信任的经济资本。践约度表现为信用主体在信用交易活动中遵守交易规则的能力，主要是成交能力与履约能力，涉及信用主体的经济活动，体现的是信用主体在经济活动中的信用价值取向与信用责任。

三维信用理论是对信用内涵和本质的概括，从最基本的个人、企业等信用主体到各信用主体组成的行业、城市、社会系统等都具备信用的三维特征，全面的信用管理体系必然包含信用的三个维度的内容。从企业自身管理的角度来说，诚信、合规、践约三个维度的自我约束和管理是真正建成现代化企业信用管理机制的内在要求；从社会发展角度来说，2014 年 6 月，我国首部国家级信用规划《社会信用体系建设规划纲要（2014—2020 年）》（国发〔2014〕21 号）

由国务院正式发布，提出并界定了社会信用体系及其内涵：社会信用体系"以法律、法规、标准和契约为依据，以健全覆盖社会成员的信用记录和信用基础设施网络为基础，以信用信息合规应用和信用服务体系为支撑，以树立诚信文化理念、弘扬诚信传统美德为内在要求，以守信激励和失信约束为奖惩机制，目的是提高全社会的诚信意识和信用水平"。这一界定表明，积极参与社会信用体系建设活动，遵守社会信用体系建设相关规则，是对企业信用管理的外在要求。

（二）三维信用理论的行业应用

在企业自身这一微观层面和社会环境这一宏观层面之间，更实际、更便于进一步深化信用建设工作的层面是行业领域。各个行业都有其各自的行业特征与发展情况，以所属行业作为辐射半径开展该行业企业信用管理也是当前国内外的通行做法，其中的一个重要议题便是行业信用体系建设。行业信用体系是指在某一行业中具有相对独立性的信用关系及其信用原则，时刻反映着不同行业在普遍信用关系中所确立的信用形象和社会地位。行业信用体系主要有如下特征：①应用普遍适用性的信用原则，如信用约束机制；②相对开放性，会涉及上下游产业链的相关企业等；③内容的丰富性，包括宣传培训、微观主体信用管理制度建设、信用信息数据库建设、信用评价等，但不同行业的信用体系建设内容可能不完全相同；④建设的复杂性，当前社会信用体系建设遇到的问题在行业信用体系建设中都有可能遇到，同时还包括其他更贴近本行业具体实践情况的困难与问题。

以电力行业为例，电力行业信用体系应当是三维综合信用管理机制，由一维诚信文化体系、二维合规管理体系、三维经济交易体系构成。

一维诚信文化体系表现为电力行业主体的基本诚信素质，涉及行业主体的道德文化理念、精神素养、意愿、能力及行为，体现的是各主体的信用价值取向。诚信文化体系没有具体的约定内容，存在于行业主体的潜意识中，是日常运营与交易的潜意识与潜规则，是对电力行业各主体要求的信用底线。诚信文化体系作用于意识形态，影响整个电力行业的信用价值取向与信任关系。诚信文化体系形成行业环境，体现电力行业的精神文明发展水平；形成行业文化，通过影响电力行业主体的心理和意识，影响其一般行为和经济交易行为。

二维合规管理体系表现为电力行业主体遵守行政管理规定、行业规则、民间惯例、内部管理规定的意愿、能力与行为结果，涉及行业主体的一般活动，体现行业主体的信用价值取向与信用责任。合规管理体系有具体明确的行政监管规定、行业行规要求、管理制度、内部规定等，是对电力行业主体行为的一种硬性约束，是把一维诚信文化体系中已形成的、公认的潜规则上升成明规则。合规管理体系作用于电力行业关系，影响行业活动的信用价值取向和行业秩序，为信用法律法规的制定奠定基础，形成法律的精神原则与框架，也直接保护各个行业主体的权益，形成有效的监督和约束。

三维经济交易体系表现为电力行业主体在经济交易活动中遵守交易规则的能力，主要是成交能力与履约能力，涉及行业主体的经济活动，体现的是行业主体在经济活动中的信用价值取向与信用责任。经济交易体系作用于电力行业的经济关系，影响交易行为的成功率和经济交易秩序。经济交易体系是电力行业信用体系三个维度的综合体现，是建立在前两个维度基础之上的。电力行业主体具备了诚信的基础素质，在行业交往中建立了广泛的信任度，才可能在经济交易中具备成交和践约的能力，也只有这样才可能获得更多的认可。

二、信用产业链理论

（一）信用产业链的内容

信用产业链是指信用从抽象的资本到具体产品再到资本价值实现的全过程。信用产业链描述了不同信用活动层次及相互关联的内容与程度，阐述了信用活动及所有相关机构之间的运作关系。

信用产业链具有垂直性、协作性、不可替代性的特征。垂直性特征指信用产业链体现信用商品在流通领域交易过程具有自上而下的特征。信用产业链的这种垂直性特征连接信用的生产者、加工整理传播者、定价者、消费者和处置者，形成环环相扣的产业链条，并按照自身内在的规律性形成成熟的信用产业。协作性特征体现为信用增值服务机构、信用产品定价分类机构通过协作的方式对信用进行分类、定价和提供增值服务。也正是产业链上这种高度的协作性，可以大大提高产业链的运作效率，促成信用生产者和消费者的价值匹配，实现信用交易的顺利完成。不可替代性是指第三方定价机构的服务从长远来看是不可替代的。由于定价越来越专业化，信用商品购买机构一般只做交易风险定价，诚信度和合规度的度量和定价不可能完全自己来做，势必会交给第三方专业的定价机构来做。所以，从长期来看必然会有专门的机构来完成信用定价工作。

（二）信用产业链涉及主体

具体来看，信用产业链上各个运作环节的多个主体各自承担职责，发挥作用，共同推动产业链条的滚动运转。信用产业链主要涉及如下5类主体和机构。

1. 信用的生产者——信用主体

信用的生产者是指生产信用、提供信用的受信主体。受信主体作为生产者，是信用产业链的起始点，受信主体生产出信用资本本身，才能完成后续一系列的信用加工、包装、传播、定价、消费等环节，信用产业链才有了运转的基础。信用的生产者是全社会的各类信用主体。信用主体生产和提供自身的信用，也是信用活动的承载者。在全社会范围内，信用的生产者包含一切自然人、法人和公共管理机构。

实际上，讲不讲信用、信用程度如何，都是通过信用主体的社会活动和行为体现的，是由社会其他主体的评价反映的。如果把信用看作一种虚拟的商品，那么信用主体的活动和行为就是信用产品的生产过程。

2. 信用产品分类和中间定价机构

信用产品定价机构根据信用主体的诚信活动、社会一般行为活动、经济交易活动以及信用主体本身的资信情况，对信用主体的信用——信用商品进行定价。定价机构利用信息数据的优势、专业的评估技术，建立适合不同信用主体的分类定价模型，有专门针对信贷风险的违约率模型，有专门服务信用卡评分的个人信用评分模型，也有专门适用于企业授信的赊销风险预测模型。信用产品分类和中间定价机构接受授信方的委托，调查信用主体的信用信息，选择适当的评估模型，对信用主体的信用价值给予合理的定价，供授信机构参考；同时，对信用产品的属性和信用主体的特征进行分类，使信用价值高的信用主体能够与高品质的信用产品相匹配，实现社会资源的最优配置。

信用产品分类和中间定价机构的服务产品表现为第三方的信用报告类产品。围绕信用商品的价值和分类，信用信息管理与服务行业充分发挥了价值确定和分类的功能，以社会实体信用活动为基础，以公共部门、金融部门、企业为主要客户，以经营并销售信用信息与信用产品、提供专业化和社会化的信用服务为手段，立足于社会，成为现代信用活动的重要组成部分，如征信活动、个人信用评分、企业信用评估、主权评级、信用等级确定、资信调查、诚信评价等。

3. 信用产品中间需求及风险管理控制机构

信用产品中间需求及风险管理控制机构是指对信用交易活动提供风险转嫁保障的服务主体。这些机构提供信用增值服务，为受信方提供担保，提高受信方获得信用产品和服务的能力，并且为授信方提供风险转移的渠道和途径，分散或降低信用风险，保障授信方的信用安全。在这个过程中，这些机构还为信用进行中间定价，以确定担保成本、保险费率和保理佣金等。

信用产品中间需求及风险管理控制机构也是增值服务机构。信用商品通过价值确定和分类后进入流通领域，受市场需求和市场标准的影响，不同性质的信用产品有其不同的市场需求，对市场而言也有对信用商品的内在标准。

4. 信用最终需求者——授信机构

信用最终需求者是授信机构，即信用工具或产品投放机构。授信机构（金融机构、工商企业）、资本市场上的投资人都是信用的消费者。这些信用的消费者以投放信用工具的方式消费信用，通过对信用资本的定价和购买完成消费过程。其消费的实质是以信用资本配置资金资源和商品资源，实现信用资本的价值。

在经济交易领域，授信机构对信用产生需求，希望通过获取信用提供信用产品，赚取信用收益。这些授信机构是信用工具或产品的投放机构，也是信用的最终需求者。其中，银行配置的是资金，企业配置的是商品。信用商品的使用价值在于支付或交换价值，可以通过信用交易活动满足生产者其他方面的需要，包括资金、物品等的需要。

交换以获得商品使用权是指在企业与企业之间的商业信用关系中，即赊销或分期付款信用交易中，企业以自身信用商品交换所需商品的所有权。从长远趋势来看，无论是银行授信资金还是企业授信商品，最终都是围绕资金和商品，除此之外都应该分工出去，交给定价机构和风险管理机构。

5. 信用商品处置机构

信用的价值随着信用主体诚信水平和经济实力不断波动，这种波动的过程伴随着风险的产生。信用需求者购买信用主体的信用，就会面临违约的风险，自身的信用收益有可能因此而受损。

信用商品处置机构管理和处置授信资产的方式多种多样，有的以委托追账的方式，即接受委托追缴那些无法收回的应收账款，以一定的比例提取追账佣金；有的直接买断授信资产，通过拍卖等方式，以低于资产原始价值的价格出售这些资产，尽可能挽回无法实现的信用收益；有的通过打包的方式，组成资产证券化产品，形成资产池，转化为资本市场可流通的产品，实现信用收益。无论采取什么方式，信用商品处置机构都是要发挥处置功能，最大程度降低授信资产的价值损失。

（三）电力行业信用产业链涉及主体

以电力行业为例，其信用产业链也包含五类主体，不同主体都有各自的职责和作用。

电力行业的信用生产者是电力行业的各类信用主体，包含电力行业的一切自然人、法人企业和公共管理机构。这些信用主体生产和提供自身的信用，是信用活动的承载者，是信用产业链的起始点。信用主体将自身的信用生产成为一种商品。

电力行业的信用产品分类和中间定价机构主要是征信、调查、评级等第三方信用信息服务机构及电力行业内部对行业信用主体进行信息采集和信用评价的部门或者行业协会等。他们参与信用信息的采集、整合、加工和信用资本的中间定价，建立适当的评估模型，提供对信用商品价值的量化标准，为电力行业市场主体和金融授信机构等提供授信和风险管理的参考，从而为信用作为商品进入流通领域提供了交易基础。

电力行业的信用产品中间需求及风险管理控制机构主要是为电力行业服务的信用保险、保理、信用担保等专业的第三方服务机构。它们为电力行业的信用交易活动提供风险转嫁、信用增值服务、担保服务，提高受信方获得信用产品和服务的能力，帮助授信方分散或降低信用风险。这些机构通过为电力行业信用产业链上的信用产品提供增值和重新加工，使其匹配市场需求。

电力行业的信用最终需求者，即授信机构主要是为电力行业提供授信的金融机构及在行业内部或上下游作为授信方的市场主体。这些需求者以投放信用工具的方式消费信用，实质是以信用资本配置资金资源和商品资源，即通过银行配置资金，企业配置商品，实现了信用资本的价值。

电力行业的信用商品处置机构是为电力行业提供商账追收、资产管理等服务的第三方市场机构、银行内部的不良资产管理公司及电力行业企业内部负责商账管理的部门。这些主体处于信用产业链的末端，是信用价值实现的最后一道保障，作用在于在信用产品的价值下降后，采取挽救措施，最大限度地降低损失。

第三节 大数据应用理论

大数据应用理论是指通过将大数据技术与企业管理相结合，提升企业在产品生产、销售等各个方面的管理水平。在信用建设领域，大数据主要应用于信用评级、网络征信、财务管理等方面。

一、大数据的定义与特征

（一）大数据的基本概念

大数据目前尚无公认的统一定义，具体来看，业界主要按大数据自身的属性、与其他数据的比较、形成的体系三种方式对大数据进行诠释，本部分采用国际数据中心的属性化定义，并分析了大数据在企业管理中的内涵。

1. 按属性定义

国际数据中心（International Data Corporation，IDC）在 2011 年的报告中对大数据技术的定义是"大数据技术描述了一个技术和体系的新时代，从大规模、多样化的数据中通过高速捕获、发现和分析技术来提取数据的价值"，由此可以看出其对大数据的属性化定义。此外，IBM 和 Microsoft 的研究者们采用 3V 模型来描述大数据，即容量大（Volume）、多样性高（Variety）、更新与运算速度快（Velocity）。

2. 大数据在企业管理中的内涵

随着信息时代的发展，大数据在现代企业管理和运作的方方面面得以应用和渗透，企业管理中的大数据包含了互联网、移动设备、智能设备、非传统 IT 等渠道生产的海量结构化或非结构化数据，对现代企业管理的运作、组织服务、营销决策与消费者行为分析等方面产生深远影响。企业管理与决策越发依赖于大数据分析，同时也不断丰富大数据包含的具体内容与形式。

（二）大数据的特征及其体现

1. 大数据的 4V 特征

通常情况下，大数据的特征常被总结为 4V，即体量浩大（Volume）、模态多样（Variety）、生成速度快（Velocity）和总体价值大但价值密度低（Value）。具体来看：①随着科技的发展，数字集合的规模从 GB 到 TB 再到 PB，目前已然发展到 EB 和 ZB，其规模体量极其庞大，且在不断增长；②大数据包括结构化数据、半结构化数据与非结构化数据等众多模态，其中由于数据显性或隐性的网络化存在，数据之间的复杂关联处处可见，非结构化数据量正大幅增长；③大数据往往以数据流的形式呈现，能够快速产生，并且具有很强的时效性，用户需要对数据流更好地掌控才能有效利用这些数据；④大数据的状态与价值能够随着时空变化而发生演变，涌现性的特征十分明显。不过，虽然数据的价值巨大，但是无效信息较多，在实际中人们会面临信息冗杂混乱的情况，其价值利用的密度相对较低。

2. 大数据在企业管理中的特征体现

随着大数据在企业管理领域的兴起与应用，产品的生产与价值创造逐渐走向社会化和公众参与，即企业与消费者之间关系趋向平等，互动不断增多。互联网用户创造的信息和数据成为当下互联网海量数据的重要来源，同时，企业通过与网民群体的密切互动引导消费者群体参与到企业管理中的创意设计、产品生产与市场推广等关键环节，并根据网民群体的互动反馈完成产品的优化升级。

企业的运作与生态正在日益走向网络化与动态化。现代企业的生产管理与决策正在逐步依赖网民群体与社会媒体、上下游合作企业以及竞争对手构成的"网络生态系统"，并逐渐呈现纵向整合与横向联合的两种新发展态势。纵向整合方面，大量的企业群以供应链为纽带紧密联系起来，分工协作、互利共生，从而实现供应链向价值链继而向网络生态链的转变；横向联合方面，企业组织之间能够在谈判协商的基础上建立密切的合作关系，形成虚拟企业或者企业联盟这种新型组织形式，实现资源的优化与动态组合共享。

企业通过对各方面的大数据分析，能够对于市场的理解与需求洞察更加精准化、实时化。在大数据的应用下，企业通过搜集与记录顾客在各个渠道中的行为数据，设计更加精准的营销策略；此外，大数据为个性化的商业应用提供了可持续发展的条件。消费者的各类兴趣偏好能够通过大数据得以量化，企业可以精准地根据每一位消费者不同的兴趣与偏好为他们提供个性化的产品与服务。

二、大数据管理

（一）大数据管理目前存在的问题

1. 数据访问权限混乱

大数据指的是从各个方面收集而来形成的大量的多元化的数据库，并且具有历史性，这些数据可能来自社交网站、实地记录等。由于大数据存量巨大、种类繁多，因而往往以计算机为载体、采取具有虚拟性的云计算的方式进行数据使用，包括数据的云储存、云处理等。

云数据库有私有和公共之分，私有数据库一般保密设置和安全防护较为严密；但公共数据往往由于其开放性而产生信息安全隐患，访问数据的用户和数据管理人员都有可能带来信息安全问题。云数据库在各大开放的平台都有端口，不同用户的数据会被不同对象因不同目的而访问，所以需要用限制用户访问权限的方式保证信息安全。但目前的问题在于，由于数据流大量集中，数据访问控制系统的发展难以跟上大数据的发展速度。在传统网络中，通过物理上和逻辑上的安全域定义可以清楚地定义边界和保护设备用户，但这在云计算中无法实现，因为访问权限的边界模糊化使得安全防护更加难以实现。此外，部分内部数据管理人员也存在数据倒卖行为，行业秩序有待规范。

2. 数据安全问题亟待解决

（1）大量的智能终端提供了攻击目标。随着经济增长、互联网迅速发展以及基础建设的愈发完善，智能终端的连接越来越多，这意味着大量数据可以通过智能终端进行存储、使用和分享。但大量的移动终端和其中的海量数据也意味着黑客可以攻击的目标数量极多，这不可避免地增加了数据和信息的风险。另外，云数据库和传统数据库在存储和传输上存在不同，由于云数据库里的数据大量分布在终端设备上，因而在传输的时间上有一定延时性，而信息在传输过程中也存在一定安全问题。

（2）网络的广泛应用使得个人信息不可避免地面临泄漏风险。当今网络被广泛应用，其中许多服务都需要应用大数据分析用户特征，从而增强服务针对性，提高服务质量。但服务的便捷化与个人隐私的泄露是问题的一体两面。用户姓名、住址、身份证号、手机号甚至工作、个人喜好、行为习惯等信息都逐渐上传及被收录入大数据。这些信息在收集的过程中，存在被黑客拦截的风险；收录的信息也可能被不法商家或企业倒卖，或者用于进行其他恶劣行为。因此，大数据发展的背景下，网络的广泛应用也不可避免地增大了个人信息暴露的风险。

（3）政府和企业对信息管理不完善。在数据安全方面，由于大数据往往与云计算的模式相配合使用，使得服务提供商的权利巨大，部分缺乏社会责任感的企业可能利用权力侵害用户利益。数据利用方式不公开不透明，缺乏对用户数据的保护，用户的权利难以保证。因此，需要有国家级的监管和第三方审计来保证服务提供商与用户之间的权利平衡。然而，目前政府和部分企业都缺乏对于信息安全的监督和管理，市场乱象难以肃清。

3. 大数据管理有待标准化

虽然目前大数据在应用中的整体表现可圈可点，但数据质量和存储传输等方式不一，部分数据存在一定问题：①在数据收集过程中可能存在因人工干预问题而导致数据真实性下降的可能性；②大数据需要即时更新，保存时间过长也会导致数据失真，可信度大幅降低；③数据的缺失也会影响其可信度。我国大数据产业企业质量良莠不齐，对于大数据的管理标准不一，部分企业数据库存在准确性低和数据缺失情况，导致应用场景搭建困难，影响数据融合应用进程。

4. 大数据管理高质量人才不足

在大数据产业发展方面，根据数据实证分析，政府政策直接影响的是产业生态圈，而产业生态圈直接影响产业平台；区域人才分布则与产业政策、数据平台、交易平台关系密切，数据和交易平台通过产业政策吸引和聚集人才。因此，政府政策支持对于大数据产业人才汇聚有较强影响力。此外，大数据产业需要形成汇聚和辐射格局，但目前我国大数据产业整体规模不足，部分地区仍缺少引领性产业项目。此外，企业数据质量良莠不齐，完整性和即时性不足，导致实际融合应用困难。大数据管理人才聚集不足，目前数字人才培养机制还有待完善，高校、企业、科研机构对大数据人才培养缺乏系统性、全面性，难以培养创新型、复合型人才。

（二）大数据管理措施

1. 健全科技化数据管理体系

在数据访问方面，可以根据用户工作性质的不同授予其不同的访问权限，禁止没有注册的用户访问，从而限制数据访问范围；也可采用视图机制对基表的行和列的访问进行约束；此外，为保护数据库服务器的安全，需要对数据库的安装目录进行保护，防止外来入侵者访问安装位置而进行破坏活动。

在数据审计方面，实时记录网络上的数据库活动，并对数据库操作进行细粒度审计的合规性管理，可以对数据库遭到的风险行为进行告警及对攻击行为进行阻断。同时，可以通过细粒度数据库审计、多层业务关联审计、全方位风险控制、精准化行为回溯等方式对数据库进行管理，保障数据库安全。其中，细粒度数据库审计是对数据库的结构化查询语言（Structured Query Language，SQL）的语义分析，并对其中的因素（用户、表、字段、SQL操作、视图）和相关活动进行监视和审计；多层业务关联审计通过在数据库操作和应用层访问，从而对访问者的信息进行完整的追溯；利用全方位风险控制方式，可以为重要时间和用户需求的事件进行全方位的风险分析和控制，并且释放实时警报；在发生安全事故后，可以利用精准化行为回溯方式对历史信息进行完整的行为回溯，呈现完整的信息查询，从而实现对原因的分析。

2．数据存储传输加密及备份

海量数据在存储和传输及处理过程中都有可能被截取，因而需要对其进行加密。可以通过数字签名等技术实现对电子文件的识别验证，并对文件进行加密；同时可利用云端技术对数据进行备份，保障数据安全。

3．合理分配网络资源，加强网络安全

数据库的构建和应用面临的外部环境是覆盖全球的互联网，因而网络的安全和效率是大数据安全和效率的基础保障。应当设定科学程序，对网络资源进行合理分配，实现对网络资源分配的科学管理和调度，保障大数据运行的效率；同时，应加强网络防护，构建网络防火墙，阻挡服务器受到的有害攻击，从数据库外部保障信息安全。

4．重视人才培养

目前市场上对于大数据管理人才的要求主要包括知识背景、综合素质、专业知识结构和特殊技能要求几个方面。对于大数据管理人才的知识背景，市场要求主要是本科及同等学历，专业则主要为计算机学科、信息管理、数学及统计学科。此外，招聘者也往往要求大数据管理人员具有基本职业素养，此类素养基本与其他职业要求类似。

针对市场需求和大数据管理领域的发展需要，可以由高校、企业和相关机构联合培养高端人才，采取定向就业等方式保障人才对接，对大数据产业进行人才输送。用人单位也应当注重完善人才引进机制，从全球范围内吸纳尖端人才，促进我国大数据产业发展。

三、大数据应用延伸

（一）基于大数据的信用评级

信用评级活动是从质、量方面对被评级对象的资金、信誉，进行检验和计量，并科学、客观地做出全面评价的过程。在资金市场上或商业合作交往中，投资人或合作者都有必要了解筹资人或寻求合作的一方，一般主要了解其资金实力及信誉状况。其通常的做法是要求对方出示信誉证明或自己进行调查。自己进行调查必须花费大量的时间、精力、人力、财力，而结果不尽全面准确。因此，最简便可行又较为准确、可信的方法就是要求对方出示信誉证明。筹资人或寻找合作的一方为了顺利筹资或合作，必须要委托第三者，即信用评级机构对其资信状况做出分析、判断及鉴定。

大数据使得从多维度评估企业信用成为可能，且基于大数据的企业信用评级具有数据维度广泛、更新快速等优势。目前国外的益博睿、邓白氏、埃科菲等企业都利用了大数据来展示企业信用，国内的芝麻信用、京东数科等企业也基于自身业务场景特色大数据构建了多样的风控模型。但实际上市场上真正投入使用的信用评级模型较少，已经投入使用的模型则依赖于自身领域内完备的数据，如阿里支付数据、京东电商数据等。使用大数据进行企业信用评级还存在数据获取困难、数据涉及隐私、数据缺乏权威或难以量化等难题。

（二）基于大数据的网络征信

网络征信是指网络交易平台、电商平台等网络机构开展的全网海量数据采集处理并直接应用的信用管理服务。网络征信是通过网上非定向地全面扒取各种数据，获取海量网络信息从而实现对网络主体的信用轨迹和信用行为进行综合描述。

网络征信的主要特点有：①"大数据"，数据量大；②来源广泛，来源于整个网络；③信息全面，不拘泥于财务，既包括财务、资产类的，也包括非财务类的，如社交行为、文字言论、谈话语音、图片甚至交友情况等各种信息，具有非常强的社会性。

网上的一切数据皆信用，网络征信是一个完全的"大数据"概念。网络征信以海量数据刻画信用轨迹，描述综合信用度，主要表达信用行为状况，主要用途是判断可信程度、开展社交往来、授予机会及预测信用交易风险和偿还能力。一切皆信用，信用是资本。网络征信的内容、技术手段、数据特征和分析判断的评估方式等都会发生根本改变。

（三）基于大数据的精准营销

大数据技术大大提高了企业营销的精准度，销售方通过对不同购买主体的多方位数据信息收集，更加了解购买主体的实际需要，如通过电商、社交数据了解客户的购买习惯，以便对不同购买主体定制对应的营销计划，不仅节约购买主体挑选商品的时间，还能提高购买主体的消费获得感，以便营造良好的口碑，进而整体提升销售水平。例如京东网上商城会对京东用户在网上商城的日常浏览购买等行为进行记录，通过对这些数据的分析与应用，给用户推荐喜欢的商品。

目前越来越多的金融机构在通过大数据帮助其进行精准营销，通过大数据技术与自身业务场景的结合进行不同方向的营销。例如银行通过大数据技术寻找潜在的有贷款、办理信用卡等需求的金融客户，结合用户数据的维度，如支付、工资等数据，可以分析用户的偿还能力，为用户提供相应的信用额度。为了更好地利用数据技术发展自身业务，培育新的收入增长点，很多银行都成立了金融科技公司，如平安银行、招商银行、建设银行等。

（四）基于大数据的财务管理

在财务管理方面，大数据技术可以对科学预算展开及时的收集和整理，能够尽快获得所需的数据材料。预算管理作为企业财务管理中的整体环节，需要综合市场因素和企业内部因素，大数据加持背景下的财务管理方式能够在一定程度上提升企业的预算管理能力，提升决策的水平，让预算管理工作提供更高的价值。

大数据具备处理海量的数据集合的功能，为财务系统的实时化、智能化发展提供可靠支撑。基于大数据技术的支持，企业还可以建立信息化共享平台，将大量的数据信息存储到云端，为企业节省人工成本。作为一种大数据和财务系统深度结合的精准型财务核算系统，财务云能够和其他系统进行集成，从而在没有人工干预的情况下进行财务信息的搜集和处理，实现财务管理、资产管理、财务信息共享的三位一体效果，其可以理解为企业的高效财务处理平台，为企业的财务分析评估、预算、风险控制等工作提供可靠支持。

第三章

电网企业信用管理大数据基础

要实现大数据技术在信用管理中的应用，企业必须具备相应的数据管理和应用能力，这就要求企业应达到较高的信息化水平。随着国家大力投入电力系统信息化建设，我国电网企业已经初步具备了相应的硬件实力，实现了信息化建设的人才储备，并在实践中取得了优秀的成果。

第一节　电网企业信息化建设的重要性

信息化建设指企业利用现代信息技术支撑企业管理的手段和过程。随着计算机技术、网络技术和通信技术的发展和应用，企业信息化已成为企业实现可持续化发展和提高市场竞争力的重要保障。信息化建设包括企业在电话通信、网站、电子商务方面的投入情况及在客户资源管理、质量管理体系方面的建设成就等。信息化建设是品牌生产、销售、服务各环节的核心支撑，随着信息技术在企业中应用的不断深入显得越来越重要。

一、保障网络与信息安全

信息化技术的不断发展和普及推动了网络信息技术的出现和应用，对电力系统信息化建设的要求也越来越高，所以电力信息化建设已经成为电力企业发展的重点。在电力信息化建设中，电力发展处于机遇与挑战并存的局面，在电力系统运行过程中经常出现安全隐患，极容易引发信息泄露事件。因此，电力企业必须积极抓住机遇，并勇敢地迎接挑战，加强安全技术的应用，并对安全事故进行有效控制，构建安全、高效的电力系统运行环境，从而更好地服务于社会。

顺应时代和科学技术发展的要求，大力推进电力企业信息化建设，有利于维护网络与信息安全，将法律要求制度化并贯穿全业务、全环节、全过程，确保依法建网，严防发生网络失泄密事件；有利于强化网络安全统一管理，健全网络安全保障体系，杜绝系统和设备存在恶意漏洞、后门、木马，严防客户个人信息泄露；强化网络安全人防措施，提升网络安全技术防护水平，建成公司网络与信息安全风险监控预警平台，全面加强"互联网+"条件下的数据安全和终端安全。

电力企业应该对信息安全系统进行合理划分，加大信息监控力度，加强防火墙技术的应用，充分发挥安全技术的应用优势，实现与电力信息化建设的高度融合，从而不断提高电力企业信息化建设的先进性，满足行业和公司内部发展的需求。需要做好网络安全建设，通过加强机房服务器、路由器、交换机、域名系统、IP 地址、交换机端口、服务端口、安全设备、密码设备、密钥参数、用户账号等设备及资源管理，提升大数据中台安全管理水平；做好病毒防范与处理，通过对防火墙、杀毒软件等的运用，降低数据信息受病毒或黑客攻击的可能性，避免数据信息泄露；严格控制操作人员的使用权限，降低人为因素导致的数据信息安全风险。

二、提升企业市场竞争能力

现代信息技术和互联网技术飞速发展，使企业的运营管理发生了革命性改变。电力营销是电力企业在激烈的市场竞争中获得竞争优势的法宝，对电力企业可持续发展具有显著的促进作用。加强电力营销信息化建设，构建电力大数据信息化营销模式已是大势所趋。因此，电力企业要想生存、发展，必须紧跟时代发展潮流，构建大数据管理中台，实行信息化营销模式。

完善营销信息化建设体系是电力企业自身快速发展的必要手段，电力企业应立足于国情，在对现有电力信息化营销模式深度分析的基础上，结合电力营销现状与发展需求，按照规范性、精准性电力营销原则，通过科学运用大数据技术，不断完善电力营销信息化建设体系；全面收集、整理、分析、处理电力营销数据信息，确保信息分类及采集的效率和精准度，实现对数据信息的有效应用与优化配置；做好大数据互动中台构建工作，深度挖掘数据信息的潜在价值，最大限度地了解和掌握客户实际需求，确保数据信息价值的有效运用。

电力营销信息化建设，不但能帮助电力企业准确把握和及时了解市场发展动向，降低信息获取和处理成本，提高工作效率和经济效益，而且还能为电力企业制定发展战略提供可靠的数据信息支持。为了从海量数据中采集有价值的信息，高效整合数据信息资源非常必要。电力企业应加强电力营销基础建设，按照大数据技术的要求构建生产互通的网络系统，为数据信息资源高效整合筑牢基础；制定网络系统安全管理制度，实现对网络系统的有效保护，确保网络系统运行安全稳定，数据信息资源安全可靠；在大数据技术支持下，加强交流与合作，打通系统间的屏障，实现数据信息高效整合、资源共享、充分运用。

三、提高企业财务管理水平

在我国电力系统的改革过程中，国家对于电力企业的财务管理方面已经提出了更高的要求，企业财务管理面临更加丰富的挑战。在此基础上，对电力企业进行财务信息化建设，要求电力企业能够更好地参与到市场竞争中来，以求能够进一步促进自身的发展。

在电力企业的发展过程中，应当充分利用会计电算化系统及技术，结合现代信息技术及计算机技术，加强会计对企业的预算、资金管理及财务分析等多个方面的综合管理能力，提高企业财务信息化的建设水平。具体来说：①加强企业的预算管理工作，在财务的信息化系统中制定相对应的预算指标，并在电力企业的日常运行以及发展过程当中发挥预算控制的基本作用，实现财务账目的有效处理，充分结合预算指标以及实际水平，充分发挥预算指标的价值；②还要加强企业的资金管理，通过电力企业中各个业务过程中对资金进行有效的管理，防止资金在使用过程中出现利用价值不高的问题。通过网络来进行资金的周转以及拨付，提高资金的管理能力和利用效率，进而促进电力企业财务管理水平的有效提高。

四、紧跟电力行业发展需求与趋势

随着我国社会经济建设的进步与发展，社会各行各业对电力资源的需求量不断增加。为了满足社会生产生活对电力能源的需求，电力企业应该不断加强信息化建设。在电力行业信息化建设过程中，要求能够为电力企业提供更加完整、可靠、安全的信息，提高企业决策的有效性，增强企业竞争力，在此过程中进一步保障企业信息化建设，推进电力企业的进步与发展。

电力行业信息化是电子信息化技术（如微电子技术、通信技术、计算机和网络技术等）在电力工业规划设计、基建、发电、供电、用电及在电力企业生产经营等领域的应用的统称，是电力行业在电子信息技术的驱动下由传统行业向集约化、智能化、现代化转变的过程。信息化已经成为电力行业现代化进程的一个重要的不可缺少的组成部分。

电力行业自20世纪60年代开始采用计算机技术，80年代计算机技术和信息技术在电力行业得到广泛应用和加速推广，在发电、输电、配电、供电安全生产方面得到广泛应用；到90年代，由于信息网络技术的覆盖扩展，信息化应用已深入电力企业安全生产、企业管理、对外经营各种业务之中。21世纪以来，电力信息化与电力产业密切融合，对电力生产和经济运营提供了有力支撑。

电力行业计算机应用经历了四个发展阶段：第一阶段是 20 世纪 60 到 80 年代初期，电力计算机技术主要应用于电力实验数字计算、工程设计与计算、科研计算、发电厂设备自动监测、变电站所自动监测、情报科技检索等方面；第二阶段是 80 年代中期到 90 年代初期，电力行业信息化建设进入有计划的发展时期，主要是开发建设电力生产和管理中的专项业务应用；第三阶段是 90 年代中期到 2005 年左右，该阶段是电力系统信息化建设规模和广泛应用及加速发展时期，这一时期以网络环境下建设与应用为主要特点，各电力企业信息技术的应用由操作层向管理层延伸，从单机、单项目向网络化、业务应用、综合服务应用发展；第四个阶段是 2006 年至今，电力行业进行了机构改革，两大电网和五大发电企业及其他电力企业组成行业格局，在新的行业格局下，电力企业实施了内部管理的改革，电力企业管理模式与经营模式都发生了较大变化，改革对信息化建设提出了新的要求。信息化与企业经营理念和管理模式结合更加紧密，与企业发展战略关系密切，电力行业信息化建设走向成熟。

在我国加强电力资源优化调配大背景下，信息化的数据互联互通、业务协同等方面的问题日益突出，电力企业的信息化建设开始重视统一化、集成化。2006 年，国家电网公司推出"SG186"规划，引领我国电网行业信息化实现快速发展。国家电网公司"SG186"建设逐步完成后，电力企业信息化进入进一步深化应用阶段。以国家电网公司为代表的电网公司，按照集团化运作、集约化发展、精益化管理、标准化建设（简称"四化"）要求，实施人力资源、财务、物资集约化管理，构建大规划、大建设、大运行、大检修、大营销体系，实现发展方式转变，特别是智能电网建设规划及 SG-ERP（国家电网资源计划系统）的建设，将进一步推动信息化投入的增长。2015 年，随着 SG-ERP 基本建成，电网信息化从高速大规模建设转入全面优化提升，更注重集成融合，更强化创新驱动，为智能电网提供关键技术支撑。国家电网公司将全面建成"坚强"骨干电力通信网，基本建成智能变电站通信网、配网通信网、用电通信网及分布式能源接入通信网，全面建成 SG-ERP 系统，信息化整体达到国际领先水平，支撑和引领坚强智能电网发展，持续提升绩效。

第二节　电网企业数据管理概览

国家发展改革委、国家能源局印发《"十四五"现代能源体系规划》，要求加快能源产业数字化智能化升级，明确提出建设智慧能源平台和数据中心。面向能源供需衔接、生产服务等业务，支持各类市场主体发展企业级平台，因地制宜推进园区级、城市级、行业级平台建设，强化共性技术的平台化服务及商业模式创新，促进各级各类平台融合发展。鼓励建设各级各类能源数据中心，制定数据资源确权、开放、流通、交易相关制度，完善数据产权保护制度，加强能源数据资源开放共享，发挥能源大数据在行业管理和社会治理中的服务支撑作用。

一、电网企业数字化智慧平台建设情况

（一）国网新能源云实现碳资源上链溯源

新能源云是国家电网公司打造的全球规模最大的新能源数字经济平台，提供新能源建站并网、消纳分析、补贴申报、交易结算、监测分析、法规政策、技术咨询等新能源"一站式"线上管理和服务，建立了全环节、全贯通、全覆盖、全生态、全场景服务体系，已初步构建新能源生态圈。为积极响应国家"双碳"目标要求，国网新能源云在浙江湖州开展了新能源云支撑服务"双碳"试点工作，建设了碳中和支撑服务平台，解决精准测碳、综合评碳、科学降碳、政策助碳等瓶颈问题，进一步发挥新能源云对优化新能源行业管理、服务社会公众、促进新能源行业发展的支撑作用。

国网新能源云碳存证充分利用区块链技术，构建绿电从生产源端到终端消费全生命周期的碳资产数据链条，致力于为用户、碳核查机构、第三方银行、政府及国外认证机构提供统一的碳减排查验和可信溯源服务，从而持续深化推动区域碳排放信息公开性和透明度建设，为碳资产提供更安全、更高效、更经济的市场环境。

新能源云碳存证主要包括碳可信存证管理、碳足迹明细追溯、碳存证数据授权三大功能。通过新能源云碳存证服务，用户可一键生成碳存证报告，政府等其他第三方机构可精准追溯碳资产来源，快速核验碳减排数据真实性。同时，

新能源云碳存证对数据进行分层分类鉴权，利用同态加密等数据隐私保护技术将数据提供给数据使用方，在满足用户数据隐私需求下实现碳排放数据对外共享，为第三方或政府碳核算业务提供可信数据支撑。

（二）"网上国网"推广能效账单助推绿色用能

截至 2021 年 6 月 15 日，"网上国网"App 客户总量突破 1.6 亿，月均服务量超 4 亿次，充分发挥数字化、网络化、智能化等方面的优势，提升"供电+能效服务"能力，有针对性地帮助企业挖掘节能减排潜力。能效账单是国家电网公司客户服务中心以"供电+能效服务"为核心，重点开发的普惠性公共服务产品。该产品帮助企业了解自身能效情况，挖掘节能减排潜力，并且通过优化升级，精确性、有效性不断提高。截至 2021 年 8 月，能效账单已覆盖 26 个省份，累计服务 270.7 万家企业，企业覆盖率 62.7%，有效助推了企业低碳转型和社会节能减排。

能效账单采用复杂异构环境的实时数据传输引擎和大规模离线数据处理集群，构建分布式灵活扩展架构，可以满足各类数据流转、融合和处理需求。能效账单收集营销业务应用系统和用电信息采集系统 243 个数据项，整合企业变压器容量和运行信息、分时段用电信息及电费组成和策略优化等信息数据，建立了 4 种负荷特性的 12 种分析模型，能够为企业提供全方位、无死角的定制化能效服务。

能效账单能够从企业用电和变压器设备等角度对企业的综合能效进行评价打分，围绕电量电费、峰谷分析、负载分析、政策红利等内容提供定制化服务，并综合以上因素将企业与同地区同行业范围内其他企业进行比较，展现企业能效定位和变化情况。除企业侧能效服务外，"网上国网"还上线了住宅用电趋势、电量预测、阶梯余量分析、省钱攻略等功能，为 4 亿居民客户提供家庭能效服务。

为推进"能效账单"应用推广，2021 年 3 月，国网冀北电力公司开展了"典型客户专项优化活动"，针对力调电费高的典型客户，组织 5 地市共 50 户高压用户，开展力调专项优化提升行动。以前为了帮助企业节能降耗、降低生成成本，客户经理都是通过大量的排查和人工走访进行用能诊断，数字化基础薄弱，缺乏信息化手段做技术支撑。现在对区域内行业分布特征进行数据挖掘，依据不同地市不同行业的能效评分模型，能够最大限度的降低客户经理的工作强度，极大的提高服务智能化水平和工作效率。

二、电网企业数据中心建设情况

（一）南方电网围绕一个大数据中心的数字电网建设

南方电网建立统一技术架构，将新一代数字技术作为破解电网技术、管理与发展难题的关键路径，围绕一个大数据中心的原则，建成包括云平台、大数据、物联网、人工智能、区块链等 14 个一级部署的基础技术平台，实现数据实时汇聚，统一模型、统一服务，大幅度提升了数据可见、可查、可用的能力，为对内促进公司业务和管理变革、对外构建多赢的数字化能源产业新生态打下了坚实的数据基础。不断提高关键设施数字化占比，发、输、变、配、用均研发了不同场景下的统一网关，在站端层实现数据全面汇集，设备和网架互联互通的目标基本达成。进行数字孪生工作，充分利用历史数据，反复训练，找到准确的能够使用的算法，建立统一的数字技术平台。南方电网公司全域一级系统全部建成，业务范围涵盖到了投资、规划、基建、生产、监管、人资、财务、供应链、审计办公、党建工会各域，基本实现"一码通全网、只填一张表"，促进数字运营。

（二）国网电力双碳智慧大脑

近年来，电力大数据赋能城市发展的优势正随着科技的日新月异而不断凸显，国网无锡供电公司积极加强政企协同，将电力大数据与"双碳"目标相结合，促成了电力双碳智慧大脑等大数据平台的诞生。

由国网无锡供电公司开发的电力双碳智慧大脑聚焦政府指导、电网主建、多方合作、共享成果，实现电力大数据的汇聚、分析、共享与应用，对于引导企业为实现碳中和作好准备、深化国网无锡供电公司能源大数据中心建设具有重要意义。

该系统包含电力双碳指标发布板块、电力消费板块、电力减碳板块，不仅可以从电力视角对区域"双碳"目标开展监测分析，还可以重点关注碳排放、清洁能源消纳、重点行业能耗等方面情况，构建电力"双碳"指数，从而形成专业的减排策略建议，供政府部门参考。

（三）南方电网"双碳大脑"

南方电网深圳供电局上线了南方电网首个"双碳大脑"。该"大脑"致力于挖掘电、煤、气、油等用能数据，实现基于能源大数据的科学分析与决策，服务政府、企业能源管理能力提升，推动构建以新能源为主体的新型电力系统。

　　"双碳大脑"是一个数据监测分析系统，其通过分析可告诉用户哪些地方能耗较多，便于有针对性地降低能耗。"双碳大脑"基于物联网、大数据技术，构建深圳能源大数据中心，结合南方电网新一代数字电网运营平台——南网智瞰，对内采集全市 300 多万用户的用电数据，对外积极对接市政府政务数据共享交换平台，旨在汇集电、煤、气、油等海量数据，具有数据多元性、指标权威性等特征。这些数据经分类、整理后形成数据产品，为"双碳大脑"计算各指标提供了数据基础。特别是凭借南方电网深圳供电局实时采集数据的功能，"双碳大脑"可以实时感知各级用户碳排放情况。

　　"双碳大脑"将为政府能耗监控、"双碳"管理提供宏观分析、指标展示、问题定位等大数据分析服务；同时为工业园区、公共服务机构等重要用户提供能耗监测预警和咨询服务，助力企业降低运营成本。

　　凭借主动识别能耗大户的功能，"双碳大脑"还将有助于拓展深圳供电局能源服务，推动现代供电服务体系建设。下一阶段，南方电网深圳供电局将不断丰富完善"双碳大脑"功能，提供相关趋势预测信息及电力需求侧响应管理。

第四章

电网企业信用管理平台

信用管理平台建设对于推动信息共享、实现信用信息高效管理和利用具有至关重要的作用。电网企业建立的信用管理平台实现了对电力市场主体信用信息的整合与分析，进一步发挥了信用在电力市场资源配置中的作用。本章以国网××电力信用管理平台建设经验为案例，通过对平台建设思路、运行机制、创新特色和应用效果进行总结分析，为电网企业信用管理平台建设提供普适性参考。

第一节　平台建设思路

为了响应社会信用体系建设要求，发挥世界一流能源互联网企业示范表率作用，整合电力信用数据资源，实现电网企业信用管理能力现代化，提升现有平台信用管理水平，实现电网企业信用数据资产价值，电网企业开启了信用管理平台的建设工作。电网企业信用管理平台是依托于国家社会信用体系建设整体推进的时代背景、紧紧围绕"诚信国网"建设的总体目标、结合企业自身的区位特点、实现全面提升的一个实践创新成果。国网××电力信用管理平台以电网企业、上游供应商、下游企业电力用户为对象，以契合中国国情的三维信用理论为指导，结合国网××电力信用建设及信用数据现状，建立了一套能够客观合理记录和报告企业信用行为、多元评估与量化企业信用价值、支持国家电网公司与社会各界自主按企业信用价值高低公平分配相关资源的信用管理体系。

一、建设理念

（一）立足业务实践

以电网企业业务目标与实践为核心，在能源互联网的能源流、业务流、数据流中提取和内嵌信用要素，实现具有电力特色的电网企业信用管理机制的构建。

（二）强化理论支持

以吴氏三维信用理论为基础支撑，结合国外信用理论研究的最新成果，构建具有中国特色、国际领先的信用管理框架，将丰富的理论研究成果内化于平台中。

（三）聚焦应用场景

以电力信用大数据的终端应用为导向，深度聚焦电网企业内部业务管理部门与以政府和金融机构为代表的外部应用单位需求，增强平台相关成果的落地应用性。

（四）注重标准建设

以信用数据标准及评价标准为保障，支持不同业务系统及外部平台与信用大数据分析平台的顺畅对接，保证信用数据处理和分析的标准性和一致性。

二、平台架构

国网××电力信用管理平台从整体上分为基础数据服务层、数据中台支撑层、业务应用层，如图 4-1 所示。

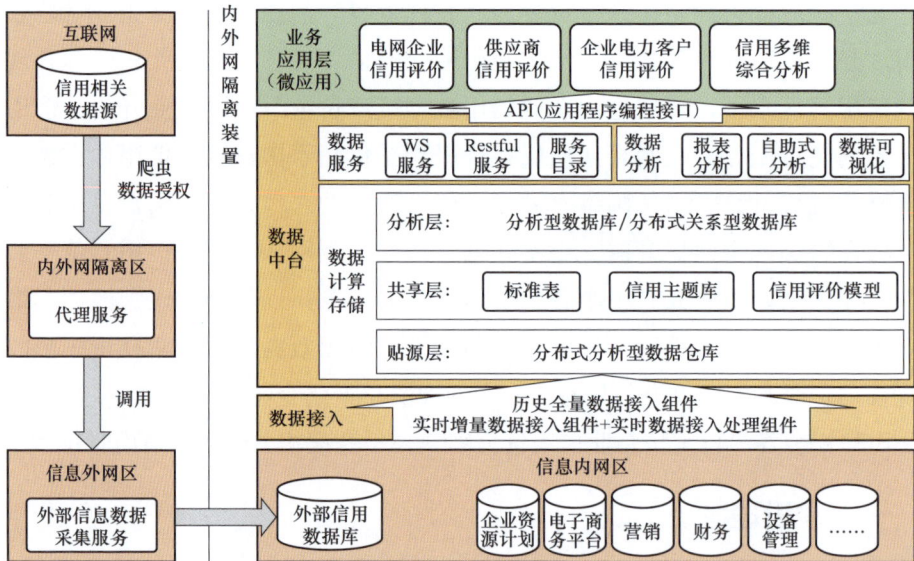

图 4-1　国网××电力信用管理平台系统架构

基础数据服务层主要是针对国网××电力信用相关原始数据的采集。信用基础数据整体上包括内部信用数据和外部信用数据两部分。内部信用数据来源于国网××电力各类相关业务信息系统，主要位于信息内网区，直接供数据中台支撑层使用。外部信用数据存储在相关政府网站、信用机构以及专业数据服务公司的数据库中，需要在信息外网区开发外部信用数据采集服务，通过隔离区的代理服务运用数据授权等方式实现外部信用相关数据的动态采集，然后通过内外网隔离装置将外部信用数据存储到信息内网区供数据中台支撑层使用。

数据中台支撑层主要是将内外部信用基础数据实现动态接入汇聚，形成信用评价分析的中心共享数据库。通过贴源层和数据接入实现批量离线、实时等数据动态汇入共享层。共享层存储信用相关标准表、信用主题数据库、信用评价模型等信息，数据分析层提供分析型数据库和分布式关系型数据库支撑；数据服务层通过 Web Service 服务、Restful 服务、服务目录等方式向业务应用层提供基于信用数据的服务接口；数据分析层提供报表分析、自助式分析、数据可视化等框架接口支撑。

业务应用层主要是信用信息管控平台面向国网××电力最终用户开发的应用功能，采用微应用的方式。本平台的主要应用功能包括电网企业信用评价、供应商信用评价、企业电力客户信用评价、信用综合多维分析等功能。

三、平台建设价值

（1）填补了能源领域企业信用一体化管理的空白。信用管理平台的建成实现了电网企业电力信用数据资源整合、企业信用评价体系构建及电力信用应用场景对接与输出，为电网企业积极响应社会信用体系建设要求提供了抓手，为实现电网企业信用管理能力现代化、培育与提升了电网企业信用资本价值提供了最佳实践。

（2）有效推动了能源领域数据要素有序流转与融合应用。《中共中央国务院关于构建更加完善的要素市场化配置体制机制的意见》中，要求加快培育数据要素市场，提升社会数据资源价值。信用管理平台对电力信用数据的深层次应用，充分发挥了数据要素对其他要素生产效率的倍增作用，依托信用管理平台建设，电网企业得以在依法依规、保障数据安全的前提下深挖企业信用数据价值，释放数据潜能，实现数据多向赋能，探索能源领域市场信用信息与公共信用信息融合应用，推动了企业与行业的高质量发展。

（3）着力为电网企业治理体系和治理能力现代化赋能。社会信用体系既是市场经济的重要制度安排，也是国家治理体系和治理能力现代化的重要内容。同样，信用体系建设是实现电网企业治理体系和治理能力现代化的基础工程。信用管理平台成为电力行业信用体系建设的关键内容和重要支撑，也是行业信用体系真正发挥实质性作用的核心引擎。

（4）在数字经济和信用经济时代为企业赢得发展先机。数字经济和信用经济时代业已开启，企业和社会管理正逐渐开始数字化转型；与此同时，各类市场主体的信用意识也在不断增强，信用交易也开始变得越来越广泛。信用，正在从道德理念转化为有价值的资本，公共资源交易、贷款审批、公共服务等领域都开始将市场主体的信用水平作为重要的决策依据，信用资本开始全面参与到资源配置中来。信用管理平台服务于信用数据资源的共享应用、企业信用资本价值培育、企业信用交易等，为电网企业在数字经济和信用经济时代发挥引领和表率作用提供了信用样板，也让电网企业先一步跨入了信用经济时代的大门，更好地适应新时代的发展需要和改革趋势。

（5）为信用体系建设服务实体经济和优化营商环境提供抓手。信用管理平台借助信用评价和信用管理手段，使电力行业乃至其他行业的守信者可以获得更多的资源与机会，获得更好的发展；而失信者将受到限制与约束，但也可以通过信用修复重新获得信任，逐渐积累信用资本。信用管理平台构建的电网企业现代化信用管理体系将信用体系建设中的方方面面落实到电网企业的日常经营与发展中，依托企业在供应链的核心地位，营造出讲诚守信、诚信经营的行业氛围，带动产业链上的广大企业加入守信践诺、积极推进自身信用管理的道路上来，从而服务于实体经济的发展和营商环境的优化。

第二节　平　台　运　行　机　制

国网××电力信用管理平台包括信用事件主体管控和综合管理两大部分，依托数据中台完成数据分析与评价，实现信用一站式查询与分析。在平台运维保障上，电网企业也以设立信用专责岗等方式保证信用相关工作的有序进行。

一、平台运行设计

（一）信用管控机制设计

国网××电力信用管理平台建设从总体上分为信用事件主体管控和综合管理，如图 4-2 所示。

1. 信用事件主体管控

信用事件主体管控版块主要针对失信事件及失信风险事件进行全过程管控：①针对公司自身的失信事件及失信风险事件进行全面监测跟踪，对于已发生的失信事件和失信风险事件进行预警、建档、处置、评价直至撤销的全过程信息管控；②对于公司涉电主体的信用事件（如恶意欠费、盗窃电、不良行为供应商等），根据失信联合惩戒工作领导小组的要求，由公司内部各专业部门通过自身评估后进行采集填报，将符合条件的信用事件、内部管理负面清单汇总到信用管控信息中心,以便相关方信息共享,推动公司针对涉电主体开展信用联合惩戒,保护公司的合法权益。

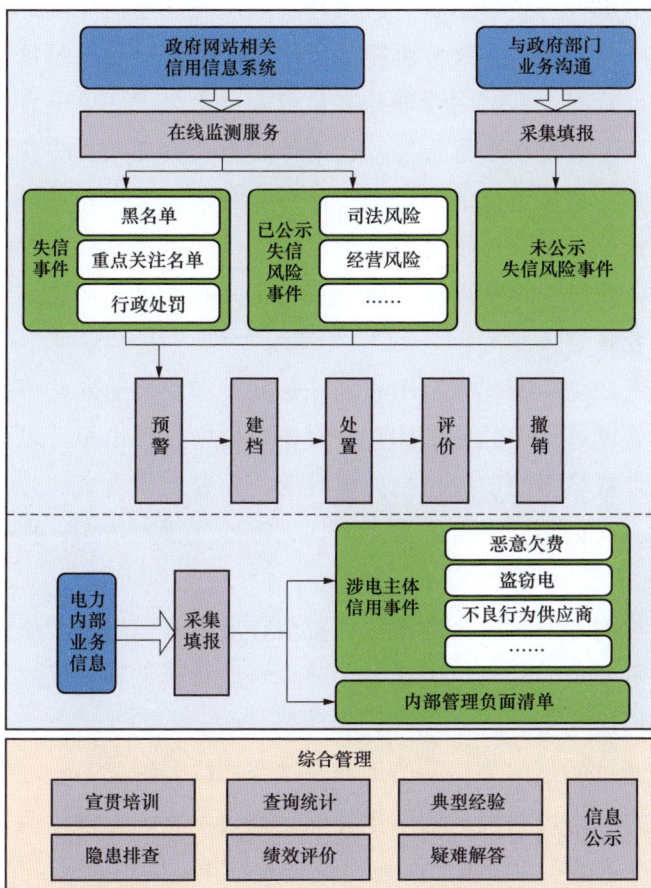

图 4-2 国网××电力信用信息管控体系示意图

针对信用事件的处置,国网××电力信用管理平台实现了从发现、短信告警、建档安排、事件处置、综合评价、事件撤销的全过程闭环管理,各环节间环环相扣,无缝联动,每一环节的工作信息处处留痕,方便全程跟踪及督导,具体如图 4-3 所示。

图 4-3 国网××电力信用管理平台全过程闭环管控

企业的信用事件一般会在信用中国等政府网站上进行公示。为了快速发现企业自身的信用事件，国网××电力构建了信用事件在线监测服务程序，公司下属单位的信用事件一经公示就会被及时发现，通过结构化解析存储到自身信用事件数据库中。同时，在线监测服务程序通过短信平台按照预定策略向省公司领导、企管部负责人、信用管理处室负责人及相关责任单位负责人、归口部门负责人及信用专责发送短信告警，让事件的相关责任人及时获悉。

信用事件责任主体单位的归口部门信用专责在获悉事件后，根据事件特征、所属专业等信息在信用管理平台中进行建档安排，指定事件处置的专业管理部门、配合部门，明确办结期限、具体处置负责人等信息，形成事件处置任务下发给相应的专业负责人。

专业负责人在信用管理平台中收到任务后，需要迅速展开事件调查处置工作，对于事件处置过程中的关键信息及时在平台中进行填报，以反映事件处置的进度。事件处置填报的信息包括完成时间、处置工作内容、责任人、联系电话以及相关材料证据等。当专业负责人认为事件处置完毕后，提交给信用专责进行综合评价。

信用专责收到专业负责人的事件处置信息后进行信用综合质量评价，对于不满足信用质量要求的提出反馈意见，要求专业负责人补充处置，直至满足质量要求且评价通过为止。

对于评价通过的信用事件，信用专责结合在线监测服务程序密切跟踪相关公示网站的撤销状态，当确认信用事件确已在公示网站上撤销后，在信用管理平台内对事件状态进行撤销归档，则事件处置结束，从而形成了信用事件识别、处置、评价的完整闭环。

2. 综合管理

综合管理版块主要承载公司整体预防和应对失信事件或风险事件而开展的相关管理工作，包括宣贯培训、隐患排查、查询统计、绩效评价、典型经验、疑难解答、信息公示等内容。

（1）宣贯培训。在国网××电力内部，对国家层面、国家电网公司层面、国网××电力层面的有关失信联合惩戒的法律法规、规章制度、专业知识等进行集中规约管理，实现国网××电力统一的失信联合惩戒的知识体系，方便各下属单位组织学习培训。各下属单位定期将相关的学习培训工作以简报的方式进行上传汇报。

（2）隐患排查。信用管控重在预防，国网××电力根据国家电网公司信用惩戒的统一部署，在国家电网公司统一要求的业务领域开展相关的信用隐患自查等工作。失信联合惩戒工作领导小组组织相关业务部门针对信用潜在风险的依存特点，设定各专业风险排查模板，下属各单位根据自身实际情况定期进行本单位信用风险自查，将排查结果据实填报，以促使相关业务领域风险点的失信事件及失信风险事件发生概率归零。

（3）查询统计。根据失信事件及失信风险事件的基本信息、处置状态等信息统计形成各类失信事件及失信风险事件统计报表，根据信用事件等级（黑名单事件、重点关注事件、行政处罚、失信风险事件）、信用风险类别（司法风险、经营风险等）、事件所处状态（已发生、处置中、处置完成、内部办结、撤销）等进行查询统计，并可随时获取相应失信事件及失信风险事件的详细信息。

（4）绩效评价。失信联合惩戒工作领导小组针对年度信用工作制定适合的绩效评价指标体系，根据相应的评价规则，按照责任单位以年度为时间口径统计年度评价指标值，进行排名公示。绩效考核指标包括但不限于：责任单位年度失信事件发生数、办结数、办结率、提供创新案例、典型经验提交数量、隐患排查工作执行率、年度信用隐患发现数量等。

（5）典型经验。随着信用联合惩戒工作的深入展开，各单位在失信事件及失信风险事件的处置过程中形成非常宝贵的典型做法，通过分享汇集各类信用事件的典型处置修复经验，便于其他单位学习参考，提升后续同类事件的处置效率。

（6）疑难解答。以讨论区的方式方便各下属责任单位在遇到信用处置疑难问题时自由发问，公司相关领域的专业及权威人士在讨论区对问题进行权威解答并提供处置建议。通过疑难解答功能版块的持续积累，形成公司内信用问题处置的知识库，供各单位参考借鉴。

（7）信息公示。根据关联市场主体的名称将其相关的所有失信事件、失信风险事件及内部管理形成的负面清单汇总形成信息公示，结构规范，数据明晰，为失信联合惩戒工作领导小组开展信用惩戒、维护公司合法权益提供详实的信用基础数据。

（二）信用分析与评价机制设计

1．承载信用大数据分析功能，打造能源互联网信用管理新方法

国网××电力信用管理平台以实现数字文化和数据驱动的高质量发展模式为动力，结合现代通信技术、人工智能、机器学习等互联网技术，实现电网全产业链企业信用管理智能化、场景化，形成以电力信用大数据应用为基础的新业务、新业态、新模式。

在国网××电力信用管理平台的电网企业信用状态综合分析界面中可查询到电网企业的总体数量和信用状态，如图4-4所示，网站以图表的形式展现了一定时期内国网××电力下属电网企业的信用水平，其中饼状图显示了供电企业和非供电企业的信用评价等级，可以对各个等级的企业数量占企业总数的比例有清晰的认知，有助于判断电网企业的整体信用状态；4个条形图分别显示了电网企业行政处罚记录统计、失信黑名单统计、获奖类别统计及电网设备事故统计结果，可以看出受到各种行政处罚的、因失信行为被记入各类黑名单的、获得各级别奖项的及出现过各级电网设备事故的企业数量。该界面的统计结果有利于国网××电力掌握下属电网企业的信用状况，有利于推进信用建设。

图4-4 电网企业信用状态综合分析界面图

2. 依托数据中台云计算能力，实现数据溯源与模型算法

数据中台是能源互联网企业的数据枢纽，是横向跨专业、纵向跨层级的各类电力数据资源汇聚中心。结合公司数据战略，国网××电力将信用评价模型的算法在数据中台进行落地，采用基于数据中台的DataWorks一站式开发工场进行数据开发，快速完成数据集成、开发、治理等全套数据研发工作，极大提高了数据开发的工作效率。

信用分析和评价结果生成流程如图 4-5 所示。首先，通过外部信用数据采集系统将企业相关的外部信用基础数据采集到内网，与 SG186 营销业务应用系统、电能质量监测系统，国网数据中台的财务管控系统、电子商务平台等形成信用评价基础数据源。其次，通过数据中台将模型需要的基础数据自动汇聚在统一存储层，形成信用业务基础数据表，利用数据中台的自动抽取、转换、推送等功能将相关数据推送到模型数据预备表中。再次，信用评价模型训练系统基于模型数据预备表中的数据开展模型训练，直至形成质量良好符合预期的相应对象类型的信用评价模型。最后，信用评价系统定期调用信用评价模型服务，数据中台实时推送不同类型的企业动态信用评价结果，进而自动生成相应的信用评价报告，从总体上对国网××电力及上下游企业进行综合多维分析，为准确量化把握产业链的信用生态提供全局性的决策依据。

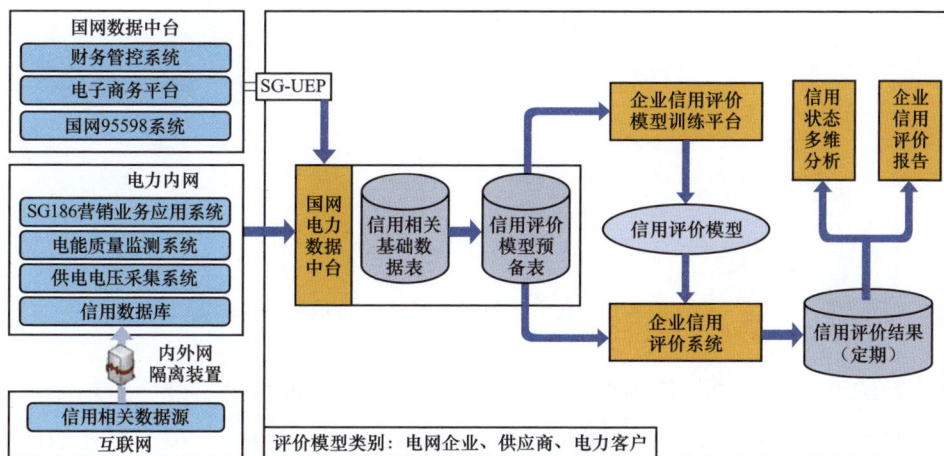

图 4-5　信用分析和评价结果生成流程图

3. 集成信用一站式查询与分析，助力全产业链一体化管理

通过搭建信用管理平台，国网××电力将电网企业、上游供应商、下游企业电力用户的信用状况集成综合，提供电网信用一站式查询与分析功能，改变过去电网企业信用管理各自为政的局面，助力全产业链一体化企业信用管理，充分发挥电网企业的带头作用。

对单个信用主体来说，信用管理平台提供不同类型的主体信用报告查询功能，既可以概览式查看信用主体在当前日期的信用等级、评分及变化趋势，又可以详细查看每个具体数据项的信用表现明细。例如，在电力用户的信用报告中，既可查询其用电量、违规违约用电行为、违约金缴纳情况等电网内部信用信息，也可以查询其行政处罚、信用黑名单、纳税信用等级、司法案件等电网外部的公共信用信息。企业电力用户信用报告示例如图 4-6 所示。

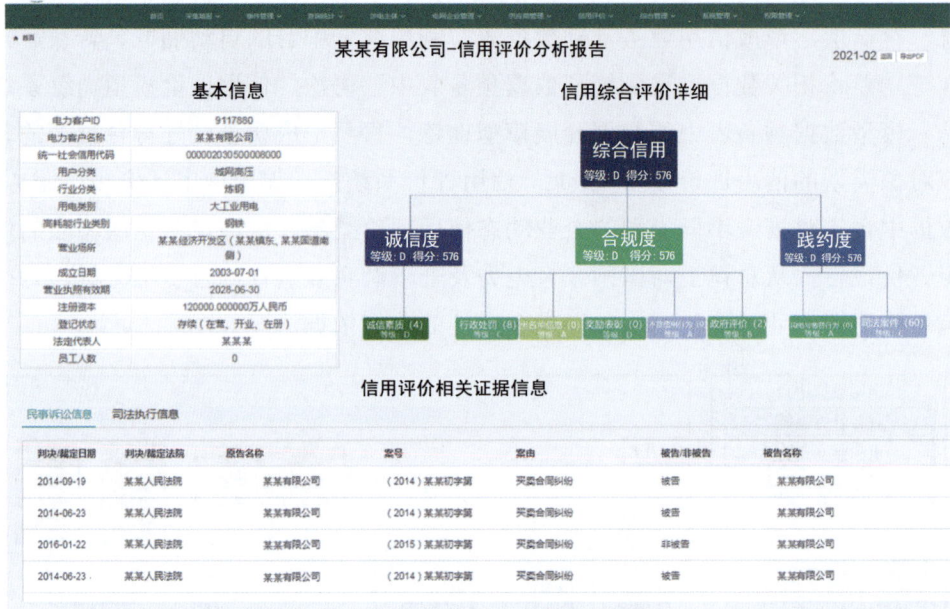

图 4-6　企业电力用户信用报告示例

对信用群体来说，信用管理平台提供对不同类型群体的多维分析功能，既可以对整个电网产业链企业群体进行综合多维分析，也可以对单个行业的信用群体进行行业特征分析。例如，在企业电力用户群体的信用综合分析中，平台支持对每类评价等级主体的用户分类、用户类别、高耗能类别等整体分布情况，违规用电窃电事件、行政处罚、不良黑名单等记录情况的具体分析，为营销专业管理工作计划安排提供决策支持。多维综合分析界面示例如图 4-7 所示。

二、平台运维保障

（一）加大问责考核力度

将失信联合惩戒工作纳入对标管理和企业负责人业绩考核，国家电网公司将失信"黑名单"事件纳入对标管理，视失信行为情节严重程度予以通报并问责。

图 4-7　多维综合分析界面示例

（二）搭建信用隐患排查工作平台，严格零反馈机制

按照"事件发生领域隐患排查联动"原则，通过对历史发生的失信事件及失信风险事件原因进行分析汇总，形成信用隐患排查清单。

在信用隐患排查工作平台上，由公司企业管理部信用专责根据隐患排查清单进行隐患排查一级部署，下属单位的信用专责根据一级部署任务要求及时进行分派下发，收到隐患排查部署及分派下发任务的专业部门及下属单位专业负责人根据具体要求及时开展自身隐患排查，隐患排查结果应第一时间在隐患排查工作平台上进行反馈。如果没有发现任何隐患，也需要进行零反馈确认，以示自身排查工作开展完成。

对于在隐患排查中发现信用隐患的专业部门及下属单位，专业负责人在隐患排查反馈中要说明隐患的具体内容及特征，并将隐患的整改处置信息第一时间通过隐患排查工作平台进行填报，以便各级信用专责及时掌控隐患消除状态，实施相应措施。

（三）设立两级信用专责岗，有序开展信用管控工作

为了保证信用管控工作的有序开展，国网××电力在省级和地市级两级组织机构设置信用专责岗位，牵头负责国网××电力本部及下属单位的信用事件处置、信用隐患防控整体协调及跟踪督导工作。

公司信用专责要对公司的信用事件进行建档安排、综合评价、事件撤销等具体工作，并对专业负责人的事件处置过程进行跟踪督导。另外，公司信用专责从公司整体全面跟踪每个信用事件的处置状态并进行督导。

地市级信用专责要对本级单位及下属三级单位的信用事件进行建档安排、综合评价、事件撤销等具体工作，并对专业负责人的事件处置过程进行跟踪督导。

第三节 平台创新

电网企业信用管理平台自诞生之日起就具有鲜明的企业特色及信用管理实践创新。具体来看，信用管理平台实现了全方位自动监测、基于策略的告警机制、多维动态分析的创新突破；信用大数据分析平台则进一步实现对企业信用状况的综合画像、信用风险预警和监测、信用"三维联动"等功能，推动电力用户营销与风控的信用支撑体系和电网企业信用数据清单的建立，实现上下游企业全流程信用管理等极具创新的成果。

一、信用管控机制创新

从信用管理平台的角度看，平台通过梳理信用风险目录，确定了包括信用中国在内的多条信用信息归集路径，确保信用信息归集的完整性。在此基础上，率先实现了事中事后管控、事前评估预判，实现了信用与业务融合的初级目标。具体来看有如下五点特色与创新：

（一）全方位自动监测

在线监测服务程序全方位自动监测实现了每日 2 次进行自动扫描搜索，可以按照单位全称进行比对，发现失信事件及风险事件，因此信用事件的发现更快更全，有利于相关责任人及时获悉。

（二）基于策略的告警机制

当信用事件被发现后，信用事件在线监测服务程序将会按照预定的策略进行短信告警，通知事件相关负责人以便主动进行应急处置。具体的告警策略如下：

一类事件告警策略：将黑名单事件和重点关注名单事件作为一类事件进行告警；告警对象包括公司分管领导、企业管理部负责人及信用专责、相关责任单位主要负责人、归口部门负责人及信用专责；告警策略是事件发现即刻告警，之后每隔 1 天告警 1 次，直至事件撤销。

二类事件告警策略：将行政处罚、司法风险、经营风险事件作为二类事件进行告警；告警对象包括公司企业管理部信用专责和相关责任单位归口部分信用专责；告警策略是事件发现即刻告警，之后每隔 3 天告警 1 次，直至事件办结，如表 4-1 所示。

表 4-1 电网企业信用管理平台告警策略

告警级别	事件类别	告警对象	告警策略
一类	黑名单 重点关注名单	公司分管领导； 企业管理部负责人及信用专责； 相关责任单位主要负责人； 归口部门负责人及信用专责	1. 发现即刻告警； 2. 每隔 1 天告警 1 次，直至撤销
二类	行政处罚 司法风险 经营风险	公司企业管理部信用专责 相关责任单位归口部门信用专责	1. 发现即刻告警； 2. 每隔 3 天告警 1 次，直至办结

（三）多维动态分析

根据信用事件的多维属性，对信用事件展开多维度动态量化统计分析，实现数据驱动工作决策的新机制。具体来说，多维动态分析包括类别分析、区域分析、原因分析、处置状态分析等。

类别分析即通过信用管理平台可以对任意时间段内发生的失信事件按照黑名单事件、重点关注名单事件、行政处罚事件进行数量统计。

区域分析即通过信用管理平台可以对任意时间段内发生的失信事件按照国网××电力二级机构进行数量统计。

原因分析即通过信用管理平台可以对任意时间段内发生的失信事件按照事件发生的原因进行分类统计，以此分析国网××电力自身在相应时间段内失信事件的主要成因，为主动预防失信行为提供方向性的数据支撑。

处置状态分析，即通过信用管理平台可以对任意时间段内发生的失信事件及失信风险事件按照处置状态（已发生、已安排、处置完成、评价未通过、评价通过、已撤销）进行数量统计，以便领导随时跟踪督导。

（四）经验交流共享

实现经验交流共享的主要方式为建立信用事件处置知识库，实现通过共享提升处置效率的目的。一般情况下，信用事件的处置虽然各有不同，但是对于同种类型、同种原因的信用事件处置依然存在许多共同点和可借鉴之处。通过对历史信用事件的深入总结提炼，将每类信用事件的关键特征、处置的最优流程、关键环节的处理技巧进行汇总，形成信用事件处置的典型经验，汇总到信用管理平台的典型经验知识库中。平台提供便捷的检索手段供国网××电力及下属单位搜索借鉴，在单位发生同类信用事件时，通过典型经验的共享将会大幅提升信用事件处置效率，减少信用事件对公司的负面影响。

（五）服务专业管理

（1）一键式获取批量物资投标单位失信事件统计。物资部在每次物资采购招投标时提供所有投标单位名册，信用管理平台一键触发可获得所有投标单位的失信事件统计，形成信用合格投标单位清单。

（2）提供渠道内部收集涉电主体违约记录，上报国家电网公司推进联合惩戒，主要包括营销系统的电力客户欠费、违规用电记录，物资供应的不良行为记录等。

（3）失信风险事件自动汇集推送。信用管理平台会实时动态地从企业信用公示网站、中国裁判文书网、中国执行信息网获得失信风险事件信息，经法部可以及时跟踪督导。

二、信用分析与评价机制创新

在对外部信用信息应用与管理的基础上，信用管理平台进一步展开电网企业信用状况进行综合画像、供应商信用风险预警和监测、电力用户营销与风控信用支撑体系构建、电网企业信用数据清单建立、上下游企业全流程信用管理模式构建等多个层面的创新与探索。

（一）应用大数据技术对电网企业信用状况进行综合画像

对电网企业信用评价体系构建开展研究分析，具体包括电网企业信用风险研究、信用评价方法与技术研究、电网企业信用评价指标体系研究、电网企业信用评价模型构建等内容。电网企业信用风险研究重点围绕政府、行业、国家电网公司的信用管理目标研究电网企业信用风险的表现形式与影响因素；信用评价方法与技术研究主要对专家判别法、统计学方法和人工智能方法等方法进行综合分析；电网企业信用评价指标体系研究主要包括指标体系设置的原则、指标选取的维度和来源、构建指标体系的思路等内容；电网企业信用评价模型构建拟应用基于模糊综合评价法的吴氏合规度评价模型对电网企业的合规度进行评价，应用判别分析法构建践约度评价子模型，探索应用大数据分析技术构建综合评价模型。

（二）打造供应商信用风险预警和监测的"三维联动"模式

对国网××电力供应商信用评价模型的构建理论与思路、评价指标体系、指标处理方法、模型计算方法及模型参数等开展研究分析。国网××电力供应商信用评价模型将从诚信度、合规度及践约度三个维度对供应商企业进行评价和分析，用以预测企业的违约风险，监测和综合判断供应商企业在行政及司法领域发生的违规行为。

（三）构建电力用户营销与风控的信用支撑体系

对国网××电力企业电力用户信用评价模型的构建理论与思路、评价指标体系、指标处理方法、模型计算方法及模型参数等开展研究分析。国网××电力企业电力用户信用评价模型将从诚信度、合规度及践约度三个维度对企业电力用户进行评价和分析，用以支撑国网××电力的营销业务与信用风险控制。

（四）建立信用数据清单，保障数据归集使用的规范和高效

编制上下游企业信用数据清单，从内部和外部两个层面对可获取的上下游企业信用数据进行梳理。内部数据是指国网××电力相关系统数据库中收集和存储的上下游企业信用数据，外部数据是指可以通过公开渠道获取的上下游企业信用数据。

（五）构建上下游企业全流程信用管理模式

全流程信用管理是国际上广泛认可的现代化企业管理先进模式。编制上下游企业全流程信用管理实施方案，主要围绕公司业务管理目标，结合国网××电力现行业务流程，研究国网××电力实施上下游企业信用管理的工具、管理方法与实施流程。重点以管理供应商的物资部为试点，研究确定对上游供应商企业的信用管理流程与方法。

第四节　平台应用效果

信用管理平台的应用提升了电网企业信用风险应对和管控能力，帮助企业建立了三层信用风险防范机制、信息共享机制及经验总结机制，使得电网企业能够实现对信用动态变化的统计与分析。

一、全方位提升公司信用风险应对和管控能力

（一）信用事件的发现更快更全，相关责任人及时获悉

在线监测服务程序实现了对国网××电力及其 201 家下属单位公示信用事

件的实时监测。国网××电力或其下属单位如有信用事件公示，在线监测服务程序当日即可获得相关信息，并无时延地按照预定策略通过手机短信告知各层级相关责任人启动应急处置，极大地节省了信用事件的整体处置时间，为事件处置赢得主动权。截至 2021 年 8 月 31 日，系统共计自动搜索 405618 次，共监测发现 3108 条失信风险信息，为国网××电力快速处置失信风险赢得了宝贵时间，信用风险整体可控。

（二）信用事件处置环环相扣，责任清晰，协同高效

信用管理平台实现了从信用事件发生到最终撤销归档的全过程闭环管理，在线监测服务程序将发现的信用事件及时告知推送给相关责任单位的信用专责开展事件处置流程。信用管理平台以待办事宜的方法推送到相关负责人的待办任务，信用专责负责及时进行建档安排、综合评价、事件撤销，专业负责人负责进行事件处置最新进展的及时填报直至事件处置完成。每一个环节的处置信息均会留下准确的时间戳，记录相应工作完成的具体时刻，便于互相监督，明晰处置延误的责任，为各相关责任方及时了解事件处置状态，协同配合提供准确的信息共享方式。

（三）多维动态分析，实现针对性预防管控

信用管理平台对历史信用事件提供多维动态分析，从时间段、类别、区域、处置状态、事件原因等多个角度提供量化的统计分析。根据动态分析反映出的具体特点，国网××电力可以进行针对性风险预防管控范围设定，聚焦高频、多发的业务领域，明确具体的隐患排查、信用风险防控事项、具体属性要素，让信用管控人员工作更有针对性，更加高效，将有限的时间精力放在最有价值的任务上，实现工作效率最优化。

（四）有效降低员工工作强度，大幅提升工作效率

信用管理平台实现了诸如一键式物资采购投标单位失信事件统计平台，改变了过去物资采购人工逐一手工核定投标单位失信事件统计模式，实现了一键式批量返回模式，大幅降低了员工的工作量和工作强度，保障物资招标采购信用核查工作的顺利保质完成。

二、形成三层信用风险防范机制

围绕国网××电力信用工作总目标，本着管理不断前移的工作思路，通过信用管控平台构建起失信风险事件处置、隐患排查、宣贯培训三层信用风险防范机制：

对于失信风险事件，实现了自动发现到最终处置办结撤销的全过程闭环管理，并为相关责任人提供全景动态跟踪督导功能，使得失信风险事件的处置工作始终处在全程可控之中。

对于信用隐患，国网××电力管理部信用专责根据多维动态分析结果，可以随时启动安排全公司的信用隐患排查。各下属二级单位的信用专责也可根据自身状况开展自身特色的信用排查，各下属单位在国网××电力信用管理平台中按要求进行隐患排查结果填报，要求零隐患反馈。对于发现的信用隐患，要及时将整改结果进行填报，以便发起的信用专责整体动态监控隐患排查工作。

对于相关的信用宣贯培训工作，将信用中国、国家电网公司及国网××电力的最新行业新闻、通知公告、法律法规及时汇总同步到国网××电力信用管理平台中，让国网××电力全员随时可以了解信用相关的最新信息。

三层信用风险防范机制的建立，为高效处置失信风险事件、全面发现信用隐患、普遍增强员工信用意识形成了良好的信息支持和工作保障。

三、建立信息共享机制与经验总结机制

国网××电力信用管理平台建立了完整的信用事件典型经验形成流程（如图 4-8 所示），包括事件特征描述、处置最优流程、关节环节处理技巧等，建立典型经验知识库，通过总结提炼历史发生的失信事件的特征、最优处置流程、关键环节处置技巧及注意事件，分类形成失信事件及失信风险事件的典型成功处置经验，集中存储在典型经验知识库中，供后续同类事件发生时参考借鉴，大幅提升了信用事件处置效率。另外，通过构建疑难解答平台，信用事件处置

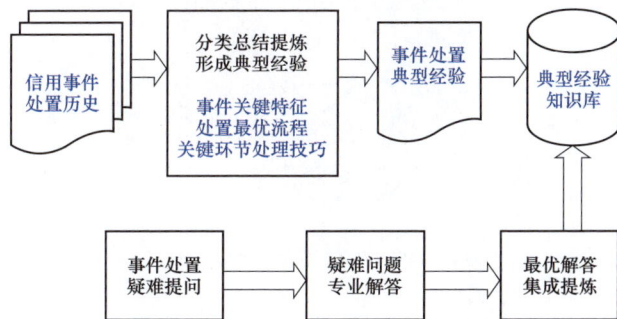

图 4-8　信用事件典型经验形成示意图

人在处置过程中遇到问题时可随时发问，相关专业及行业专家在平台中及时提供解答，并通过在线交流方式逐步细化疑难问题的处理，进而提升具体问题的处置效率。目前，系统内典型经验库中共积累了 11 件典型经验、4 件疑难解答。

四、形成多维动态分析成果

信用管理平台的运行为国网××电力信用动态变化的统计与分析提供了可能，实现了多维动态分析结果的不断输出，为国网××电力的经营与信用管控提供了重要的数据支撑。以截至 2021 年 8 月 31 日间系统监测到的失信事件情况为例，系统对信用事件的类别、原因和事件处置进度等进行分析。

（一）类别分析

国网××电力将失信事件分为行政处罚、黑名单和重点关注名单三种类别。从事件类别的角度分析，如图 4-9 所示，可以看出，在发生的失信事件中，行政处罚事件占的比例是最高的，为 54%。其次是重点关注名单，占总失信事件数量的 43%。占比最少的为黑名单事件，占到总失信事件数量的 3%。在日常的信用管理中，国网××电力加大了对各部门及下属单位的合规度的管理，及时组织学习相关法律法规，开展了信用风险自查工作，借助第三方力量动态监控下属单位的合规情况，对涉及行政处罚的失信事件进行了快速处理与响应。同时，国网××电力还增强了事前的信用管理，丰富了重点关注对象的维度，建立了预警机制，防微杜渐。

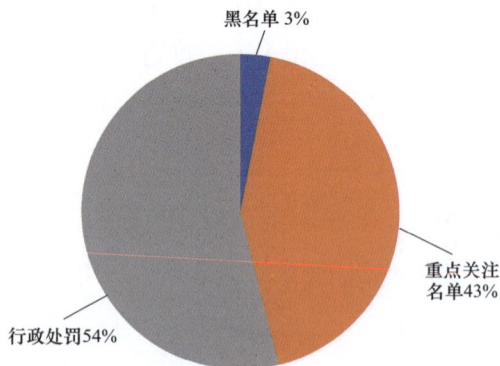

图 4-9　失信事件类别统计

（二）失信事件原因统计分析

对国网××电力失信事件的原因进行统计分析，总计有 22 类原因，其中发生次数排名前三的造成失信事件的原因分别是未按规定公示年报、未按规定期限办理纳税申报和报送纳税资料、车辆未按规定时间检测及进行运营，如图 4-10 所示。这三类事件占所有造成失信事件原因的比例超过了 50%。因此，国网××电力应该在管理中加强对公示年报规定的学习与提醒，并加强对下属单位年报的要求与管理。除此之外，还需要加强时间观念，要求相应部门按规定时间办理纳税业务及车辆检测运营。

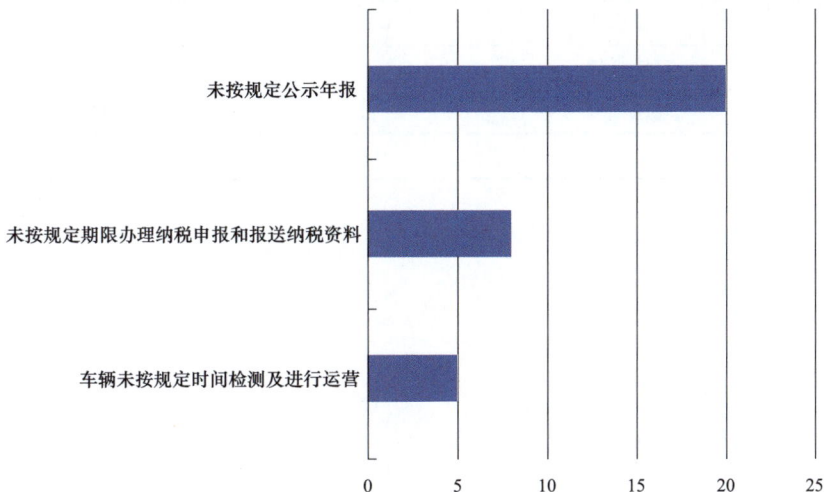

图 4-10　失信事件原因统计

（三）事件处置进度分析

如表 4-2 所示，对国网××电力失信事件处置进度分析，可以看出国网××电力的风险事件中，司法风险事件是数量最多的，其次是经营风险和失信事件。国网××电力对风险事件的处置率已经达到了 100%，在后续的管理中应保持并进一步提升风险事件的处置效率。

表 4-2　　　　　2018/6/1-2021/8/31 事件处理进度分布表

事件分类		处置中	处置完成
失信事件	黑名单	0	0.07%
	重点关注名单	0	0.94%
	行政处罚	0	1.15%
司法风险	被执行人	0	0.63%
	开庭公告	64.20%	48.20%

续表

事件分类		处置中	处置完成
司法风险	法院公告	0	0.94%
	法律诉讼	32.10%	45.56%
经营风险	行政处罚	1.23%	0.77%
	经营异常	1.23%	1.17%
	欠税公告	0	0
	严重违法	1.23%	0
	动态抵押	0	0
	司法拍卖	0	0.03%
合计		100%	100%

第五章

电网企业全产业链信用评价设计与应用

建立科学有效的信用评价体系是企业信用管理的重要环节之一。对电网企业的信用评价不仅包括其自身，也包括上下游企业。通过建立对全产业链的信用评价模型来更加全面地刻画企业信用状况，促进评价结果的推广与应用，有助于自身信用水平的提升，也有助于优化产业链的信用环境。

第一节　评价思路与模型特色

电网企业全产业链信用评价模型是依照业务理解、数据理解和解析、数据准备、模型选择和建立、模型评估、应用部署六个部分来构建的。该模型不仅关注企业自身，同时也考虑了上下游企业的信用状况。模型的建立立足于电网企业业务实践，能够更好地应对与解决现实问题。信用管理三方联动机制的建立也是该模型的特色之一。

一、评价思路

电网企业全产业链信用评价模型是基于电网企业信用大数据分析平台的数据，结合外部数据统一进行数据分析，进而构建的电网企业全产业链信用评价模型组。整个模型构建的技术路线遵循数据分析的跨行业数据挖掘标准流程（Cross-Industry Standard Process for Data Mining，CRISP-DM）。如图 5-1 所示，

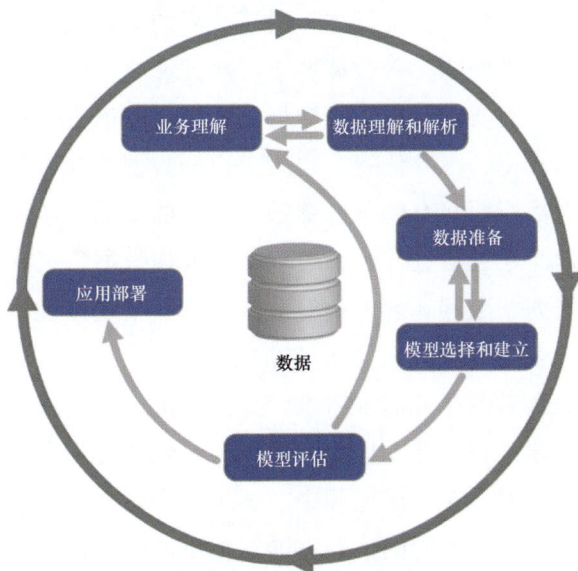

图 5-1　模型构建技术路线 CRISP-DM 流程图

模型构建路线包括业务理解、数据理解和解析、数据准备、模型选择和建立、模型评估、应用部署六大部分。

业务理解是明确要达到的业务目标,并将其转化为数据挖掘主题的阶段。一般来说,业务理解需要完成的工作包括业务背景分析、成功标准的确定、形势评估、获得资源清单、获得业务要求和设想等,以确定数据挖掘的目标和制定数据挖掘计划。具体来讲,国网××电力首先调研并分析了各个相关业务部门的需求,充分地了解其管理的现状、难点和想要实现的目标。

数据理解是找出可能影响主题的因素,确定这些影响因素的数据载体、数据体现形式和数据存储位置的阶段。其工作内容包括原始数据收集、对数据进行初步理解、抽取所需要的数据及数据清洗。数据解析主要是根据数据理解的结果分析数据之间的相互关联性,解析数据之间逻辑和相互影响的关系。现实生活中很多关联事件是非线性关联,在什么条件下可以转换成近似线性关系,或者在非线性关联关系下,如何寻找内在的因果性,解析出事件中更重要的因素,需要通过数据解析予以确认。具体来说,在模型的构建过程中,要先查阅数据库所有的数据表及表内数据项目,根据三维理论对数据进行重新分类,选出与企业合规度有关的数据表和数据项,按照一定规则进行数据清洗。

数据准备主要是运用统计方法,如特征描述、分布描述、结构分析等方法,对数据进行探索,发现数据内部规律,对清洗后的有效数据的整体情况进行分析。同时,为了达到模型的输入数据要求,建立和数据对应的域,对应不同的域之间的数据交换,需要对数据进行转换,包括生成衍生变量或者和域相对应变量的一致化、归一化、标准化等。一般来说,数据清洗和数据探索通常交互进行,主要是因为数据探索有助于选择数据清洗的方法,数据清洗后可以更有效地进行数据探索。通过数据探索,可以初步发现数据特征和规律,为后续数据建模提供输入依据。国网××电力对清洗后的数据进行了质量检验,分析数据特征,使用吴氏多维度频次量化法(W-MDFQM)来量化指标数据。

模型建立是综合考虑业务需求精度、数据情况、花费成本等因素,选择最合适的建模方法构建模型。建立模型的具体工作包括选择合适的建模技术、进行检验设计、建造模型。在建模过程中,还可能会发现一些潜在的数据问题,要求回到数据准备阶段。不同的模型可能需要不同的构建方法,其表现为同一类事件中不同的侧重点和不同因素之间的内在关系的复杂性,所以需要选择合适的方法和合适的模型。只有在不同的近似条件下，才可能表现出一致性。具体来讲，通过对国网××电力各部门业务情况及数据情况的分析，电网企业全产业链信用评价模型选择使用模糊综合评价法（FCEM）进行构建。

模型评估阶段是从业务角度和统计角度进行模型结论的评估，要求检查建模的整个过程，以确保模型没有重大错误，并检查是否遗漏重要的业务问题。通过严格的非线性模型，可以得到不同条件下的事件模型。同时，在某些特定的近似条件下，模型之间会有一定趋向性。在这种情况下，也可以将相关的因素系数建立成系数矩阵，代到非线性模型中，得到比较严格的计算结果。利用该计算结果对近似条件带来的误差进行分析，最终选择一个适合条件又便于统计和计算的模型，然后根据客观事件进行一定的修正。同时，只有抽象出来具体事件的统一表达式，才可以细致研究具体模型实施的近似条件，以及近似条件的产生和消亡。具体来讲，将电网企业全产业链信用评价模型的评价结果与企业合规特征做比对，可以实现对模型结果的验证和评估。

应用部署又称为模型部署，是模型的实际应用阶段。建立模型本身并不是数据挖掘的目标，虽然模型使数据背后隐藏的信息和知识显现出来，而且呈现出非线性和复杂的逻辑关系，但数据挖掘的根本目标是将信息和知识以某种方式抽象出来，用于改善运营和提高效率。只有将模型应用于业务实践，才能实现数据分析的真正价值，检验模型是否可以反映实际问题，帮助进行业务决策。同时，需要对模型应用效果进行跟踪和反馈，以便后期对模型进行调整和优化。本书第八章将对电网企业全产业链信用评价模型的应用延伸展开探讨。

二、模型特色

（一）延伸信用管理主体

延伸信用管理主体，增强电网产业链带动力。仅关注电网企业自身，难以系统性解决根本问题。从现代企业管理角度来说，企业信用管理是系统工程，涉及上下游利益相关方多类型主体，企业要同方方面面打交道，调动人、财、物等各种资源，没有诚信寸步难行。传统的企业信用风险管控主要关注的是企业自身的信用风险问题，但是电网企业作为产业链核心企业，不仅应聚焦在自身内部的信用管理上，更应该加强对上下游企业的外部信用管理，发挥在电网产业链的带动作用，提升整个产业链的信用状况。

为增强在信用领域的电网产业链带动力，国网××电力以电网企业为核心，延伸至上游供应商和下游企业电力用户，将电网企业信用管理主体拓展到整个电网产业链中的核心企业，履行电网企业社会责任，发挥信用在资源配置中的作用，带动电网产业链诚信道德素质和文明程度提升。

（二）立足解决业务实践问题

立足解决业务实践问题，实现基于数据的企业治理。国网××电力通过深入电网业务前线，对电网产业链上的重点供应商和企业电力用户的管理层及基层从业人员开展调研座谈，实地走访部分直属业务单位及地市供电企业，深入分析电网产业链核心业务及电力企业信用特征，重点围绕政府、行业、国家电网公司的信用管理目标，明确了电网企业、上游供应商及下游企业电力用户信用风险的表现形式与影响因素。结合业务实践情况，国网××电力分析发现，目前对电网企业存在着失信事件发现不及时、处置效率低、预防手段少、专业协同不强等问题；对上游供应商，由于存在供应商信用信息碎片化现象，因此在物资供应前存在招投标时筛选时间长、交易风险大的问题，在物资供应中存在设备质量检查效率低的问题，在物资供应后，存在着供应商资金周转不畅、付款流程烦琐的问题；对下游电力用户，由于对其信用状况了解不及时，因此存在着对窃电、违约用电、恶意拖欠电费等电力失信行为管控滞后等问题。这些问题的核心在于内部信用数据获取不及时、不通畅，外部信用数据难以掌握，数据分析工具应用较少。

国网××电力以省公司数据中台建设为契机，以构筑公司上下游利益方信用链、建立守信激励和失信惩戒机制为重点，在省级电网公司中首次利用大数据技术实施信用风险管控，推进提质增效工作。以管理电网企业发生违规行为风险、供应商发生不良行为风险、电力用户发生用电失信行为风险为目标，国网××电力通过建立"用数据说话、用数据决策、用数据管理、用数据创新"的信用管理机制，实现基于信用数据的科学决策，推动电网企业信用管理理念和企业治理模式进步，实现电网企业信用管理能力现代化。

（三）建立三方联动机制

建立三方联动机制，优化省级电网公司管控。在"管业务同时管信用"原则的基础上，加强业务部门与基层单位的联动，实现信用管理合力。国网××电力对电网企业、上游供应商、下游企业电力用户的信用管理体系构建了以企业管理部、物资部、营销部为责任部门，以人力资源部、安全监察部、设备管理部、发展策划部等为配合部门，以基层地市供电公司为支撑单位的企业信用管理三方联动机制，如图 5-2 所示。

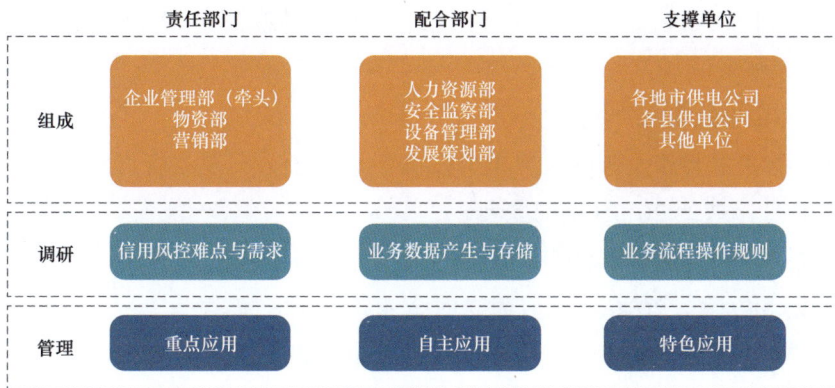

图 5-2　国网××电力企业信用管理三方联动机制

在前期调研阶段，国网××电力从责任部门了解信用风险管控难点和需求，从配合部门了解业务数据产生和存储关键环节，从支撑单位了解具体业务流程操作规则，实现对省级电网公司信用管控的需求、数据、业务的全方位梳理。在中后期管理阶段，国网××电力将信用评价与分析结果推送至相关业务部门和基层单位，实现立体式信用管理策略，优化省级电网公司风险管控体系。首先，在责任部门实现重点应用，将信用评价结果在信用主体的事前、事中、事后全流程管理中进行应用；其次，在配合部门实现自主应用，由配合部门自主选择应用环节与场景；最后，在支撑单位实现特色应用，各支撑单位可根据本单位具体情况在省级电网公司推送结果基础上进行特色定制，实现差异化、有针对性的信用管理。

第二节　评价对象与数据来源

电网企业全产业链信用评价模型以电网企业、上游供应商、下游企业电力用户为评价对象，所用数据主要来源于电网内部信用数据、外部公共信用数据及电力信用大数据清单。

一、评价对象

国网××电力以电网企业为核心信用管理对象，同时将管理对象延伸至上游供应商和下游企业电力用户，构筑电网企业全产业链信用评价体系。评价对象根据国网××电力实际业务情况及信用评价模型建模需求确定，截至2021年8月，共涉及201家电网企业、859家供应商、17万余家企业电力用户。

（一）电网企业

电网企业主要涉及国网××电力及其下属分子公司及省管产业单位，截至2021年8月，共计201家电网企业。

在成立时间方面，2000年以前成立的企业共计24家，2000～2010年成立的企业共计49家，2010年以后成立的企业共计128家。

国网××电力及其下属企业由于行业分布广泛，受到众多政府部门的信用监管。截至2020年10月，在行政处罚方面，国网××电力及其下属企业所受行政处罚涉及来自市场监管、税务、国土、消防、交通、生态环境、林业、物价、住建、城管、卫健等部门；在司法执行方面，国网××电力及其下属企业共涉及执行案件发生时间集中在2018年。如果国网××电力通过信用综合评价及时发现下属企业的信用风险，则可以最大程度地减少对自身的负面影响，塑造"诚信国网"形象。

（二）上游供应商

根据信用评价模型的建模要求，国网××电力共筛选出859家供应商，其涉及的企业类别、单位类型和企业性质较为广泛。在企业类别方面，855家为制造商，3家为施工供应商，1家为贸易商；在单位类型方面，828家为企业法人，5家为企业非法人，1家为事业法人，8家为其他类型；在企业性质方面，678家为民营企业，117家为国有企业，43家为中外合资，16家为外商独资（含港澳台），1家为境外企业，4家为其他企业。

国网××电力根据供应商物资合同交易情况进行违约认定，共认定违约供应商23家，企业类别均为制造商，单位类型均为企业法人。但违约供应商的企业性质有所区别，其中20家为民营企业，1家为中外合资，1家为国有企业，1家为外商独资（含港澳台）。

2012年至2020年10月，违约供应商历史交易金额在2014年达到峰值，之后逐年下降如图5-3所示。其可能的原因是国网××电力发现供应商逐步显现出违约的倾向而减少与其的总体交易金额或单笔交易金额，以防范可能出现的违约风险。

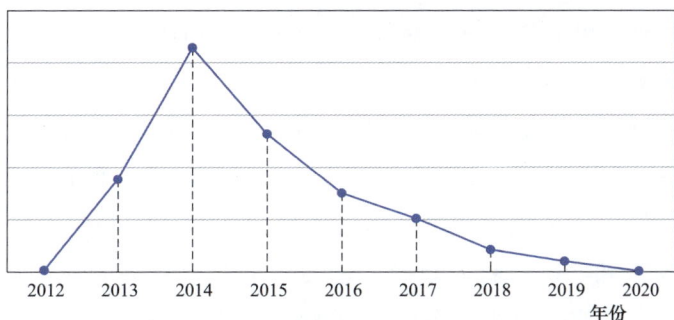

图 5-3 违约供应商历史交易

（三）下游企业电力用户

根据信用评价模型的建模要求，国网××电力共筛选出 17 万家企业电力用户。通过对企业电力用户数量进行分析可以发现，电力用户在用电类别和用户分类方面较为集中，而在行业分布方面则较为分散，95%以上的企业电力用户分布在非高耗能行业。

在用电类别方面，主要用户由大到小依次为：32.31%的用户为商业用电类别，26.85%的用户为非居民照明类别，18.68%的用户为普通工业类别，15.40%的用户为非工业类别，其余类别用户占比较小。

在用户分类方面，主要用户由大到小依次为：33.47%为农网低压非居民用户，28.65%为农网高压用户，27.99%为城网低压非居民用户，9.13%为城网高压用户，其余类型用户占比较小。

在行业分布方面，企业电力用户较为分散，主要分布在公共照明、广播电视传输服务、电信、综合零售、互联网信息服务、物业管理、铁矿采选、互联网接入及相关服务、房屋建筑业、建筑材料制造、结构性金属制品制造、热力生产和供应、货币银行服务、市政设施管理、农林牧渔产品批发等行业，共占据了企业电力用户数量的 50%以上。

在高耗能行业分布方面，95.84%的企业电力用户分布在非高耗能行业；而在高耗能行业分布中，企业电力用户主要集中在钢铁和水泥两大行业，分别占比 75.39%和 23.94%。

二、数据来源

（一）电网内部信用数据

国网××电力以现有数据中台为基础设施，对财务、物资、营销等业务系统的数据进行梳理和整合，将数据共享应用于不同的业务场景，实现基于信用大数据的电网全产业链企业信用管理。

新型数字基础设施建设是"新基建"的重要内容，是数字经济发展的基础。加快新型数字基础设施建设，是电网向能源互联网转型升级的关键，也是实现公司战略目标的重要基础。国网××电力聚焦大数据中心、工业互联网、5G及人工智能等领域，以需求为导向，奋力推进新型数字基础设施建设。深化国网云和数据中台建设应用，实现 IT 基础资源统一纳管，支撑各业务系统及电力大数据共享应用和价值挖掘。数据中台是为前台业务运营和创新提供专业能力的共享平台，其核心特色是专业化、系统化、组件化、开放化，通过沉淀、迭代和组件化地输出，可以服务于前端不同场景的通用能力，不断适配前台。

在电网企业模型构建方面，国网××电力从同业对标评价、安全工作奖惩、营销考核等主要管理指标中提取出具有一定客观性、且能够反映供电公司内部合规情况的指标，进一步回溯到原始业务系统数据，筛选出国网××电力自身的 SG186 营销业务应用系统、电能质量监测系统、供电电压采集系统及国网数据中台的财务管控系统、电子商务平台、国网 95598 系统等十余个信息系统数据，作为电网企业信用评价的数据支持。

在上游供应商模型和下游企业电力用户模型方面，国网××电力对数据中台上电子商务平台的 858 个数据表、21845 个数据字段，ERP 系统的 793 个数据表、19985 个数据字段，业务应用系统的 926 个数据表、13750 个数据字段等海量信息资源进行了详细分析，从中抽取了上百个数据字段作为上游供应商模型和下游企业电力用户模型的信用数据支持。

（二）外部公共信用数据

自 2014 年国务院颁布《社会信用体系建设规划纲要（2014—2020 年）》以来，我国社会信用体系建设的步伐不断加快，信用信息数据的覆盖面和影响力逐步扩大。截至 2021 年 8 月，全国信用信息共享平台累计归集各类信用信息 368.83 亿条，"信用中国"网站公示行政许可信息 1.26 亿条，行政处罚信息 3935万条，全国法院累计发布失信被执行人名单 1443 万人次，437 万失信被执行人慑于信用惩戒主动履行法律义务。截至 2020 年 5 月底，国家企业信用信息公示系统已经对全国 31 个省区市 1.3 亿户企业、个体工商户、农民专业合作社信用信息进行全面公示，访问量累计达到 1268.85 亿人次，查询量已达 108.16 亿人次，日均访问量 1.09 亿人次，日均查询量 860.46 万人次。

"信用能源"网站由国家能源局主办，依托能源行业信用信息平台和全国公共信用信息共享平台进行能源行业相关主体的信用信息共享和交换。截至 2021 年 8 月，该网站已归集电力、煤炭、油气三大行业 81409 家市场主体的信用信息。其中，电力类 38025 家，占能源行业市场主体总数的 47%；油气类 25675 家，占能源行业市场主体总数的 31%；煤炭类 17709 家，占能源行业市场主体总数的 22%。在信用记录内容方面，已归集行政处罚记录 1801 条，黑名单信息 10884 条，合同违约记录 27215 条，其中合同违约记录分为能源业务类、施工安全类、施工违规类、环境问题类及其他违约类。"信用能源"网站是能源行业信用建设的官方网站，是国网××电力获取能源行业信用数据的重要来源。

国网××电力通过数据接口的方式接入"信用中国"和"信用能源"网站，并拓展收集最高人民法院以及国家税务总局、生态环境部、社会保障部、财政部、工信部、审计署等国家部委的公共信用数据，可覆盖市场监管、税务、能源、生态环境、应急管理、卫生健康、人力资源和社会保障等 40 余个行政管理领域，32 个省、市、自治区的外部信用数据，数据维度包括严重失信主体名单、行政处罚、异常名录、政府信用评价等级、欠税纳税、司法执行、民事诉讼等多方面社会信用表现，作为电网内部系统数据的重要补充，从而实现对电网产业链的电网企业、上游供应商、下游企业电力用户的综合式全景信用画像与评价。

严重失信主体名单信息是政府部门根据各部委制定的失信黑名单认定标准所确定的失信主体名单信息，由各级国家机关、法律法规授权具有管理公共事务职能的组织实施联合惩戒，并鼓励社会力量协同参与联合惩戒，涵盖了失信被执行人、重大税收违法案件当事人等多个领域。

行政处罚信息是政府部门依照法定职权和程序对违反行政法规范，尚未构成犯罪的行政相对人给予行政制裁的具体行政行为信息。根据国家相关要求，政府部门要在行政处罚做出决定之日起 7 个工作日内在做出行政决定部门的门户网站进行公示。

异常名录信息如经营异常名录，由工商行政管理部门将有经营异常情形的企业列入经营异常名录，通过企业信用信息公示系统公示，提醒其履行公示义务。

政府信用评价等级信息是政府部门根据自身开展信用监管工作的需要而对企业开展的信用分类评价结果，包括税务部门的纳税信用等级、海关部门的海关信用等级等。

欠税纳税信息是税务部门根据《税务登记管理办法》（国家税务总局令第 7 号）、《欠税公告办法》（国家税务总局令第 9 号）等法律法规的规定，将企业、个体工商户、从事生产经营的事业单位等纳税人的税收缴纳行为公布所形成的公共信用信息。

司法执行信息是人民法院审查立案的执行实施案件的相关信息，涉及人民法院对已发生法律效力且具有可强制执行内容的法律文书所确定的事项予以执行的案件。

民事诉讼信息是人民法院受理公民之间、法人之间、其他组织之间及他们相互之间因财产关系和人身关系提起的诉讼信息，反映了信用主体与其他主体之间的法律纠纷。

（三）电力信用大数据清单

数据清单式管理是能源互联网企业有效实现电网数据资产管理的重要手段。数据清单可以建立电力信用数据资产体系架构，理清系统和数据目录之间的逻辑关系、映射关系，使数据层次结构分明、关系清晰。国网××电力围绕业务、系统功能梳理各系统及相应数据资源，实施数据资源清单化。通过对数据资源的梳理，可以掌握数据资源分布及使用需求，明确各部门数据资源的现状和特点。

国网××电力编制的电力信用大数据清单共分为 3 个清单，分别是内部信用数据清单、外部信用数据清单和模型输出结果清单，其中，内部信用数据清单又细分为面向电网企业、供应商、电力用户 3 类主体的子清单。全套清单共计 62 个数据表，418 个数据项字段。其中，内部信用数据清单包括 44 个数据表，257 个数据项字段；外部信用数据清单包括 15 个数据表，99 个数据项字段；模型输出结果清单包括 3 个数据表，62 个数据项字段。电力信用大数据清单明确了数据分类、数据表名称、数据项字段、数据项说明、来源数据表、来源字段、所属系统等内容，可支持信用评价模型的自动运行和动态更新，降低人为干预，实现信用评价自动化、智能化。

第三节 评价模型构建

电网企业全产业链信用评价模型构建包括信用评价指标体系和方法论两部分。其中，信用评价指标体系包括电网企业信用评价指标体系、上游供应商信用评价指标体系及下游企业电力用户信用评价指标体系，信用评价模型方法论则包括多维度频次量化法、模糊综合评价法、有监督的机器学习方法等。

一、信用评价指标体系

国网××电力在模型指标体系构建过程中，以国家电网公司顶层指标框架为指导，以数据自动收集为原则，辅以一定的维度拓展和数据拓展，确保整个模型体系既兼顾统一性和可比性，又突出侧重点和差异性，特色化打造电网企业信用管理的一体化管理模式。在一级指标的设计上，采用对所有企业共通的基础维度：诚信度、合规度和践约度；在二级指标的设计上则突出行业特殊性，电网企业模型重点关注诚信管理、诚信形象、社会责任、产品服务等基础素质情况，上游供应商模型重点关注交易行为、交易评价、交易业绩等商业交易情况，下游企业电力用户模型重点关注缴费和用电行为情况。

（一）电网企业信用评价指标体系

电网企业信用评价模型分供电企业和非供电企业两类主体进行分别评价，以预测发生违规行为风险为模型目标值，通过诚信度的诚信素质、诚信管理、诚信形象、社会责任，合规度的行政处罚、不良信用行为、黑名单、政府评价、奖励表彰，践约度的产品服务、司法案件等指标进行综合信用评价，共涉及 34 个三级指标，具体如图 5-4 所示。

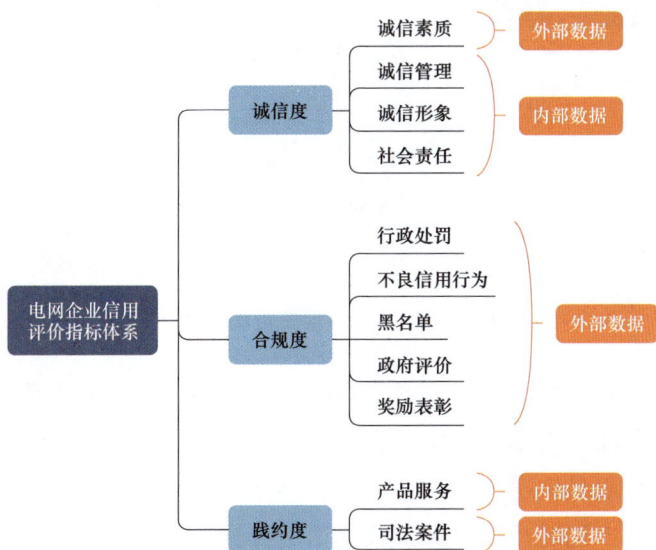

图 5-4　电网企业信用评价指标体系图

供电企业以电力供应为主业，与其他非供电企业具有显著差异，因此国网××电力将电网企业分为两类主体分别进行评价。在供电企业的评价中，重点关注售电量、电力安全、电力产品合格情况、能源利用情况、供电服务情况等与供电业务相关的指标，从内部合规情况映射外部合规情况，从而实现对电网企业违规行为风险进行预测的目标；而对非供电企业，由于涉及的业务范围较为广泛，主要从对大部分行业均适用的指标中进行选择，其数据来源也以外部数据为主。内部数据主要涉及一些奖励表彰记录，作为其内部合规的重要数据来源。

（二）上游供应商信用评价指标体系

供应商信用评价模型以预测发生不良行为风险作为模型目标值，通过诚信度的诚信素质、特征指标，合规度的行政处罚、不良信用行为、黑名单、政府评价、奖励表彰，践约度的交易行为、交易评价、交易业绩、司法案件等指标进行综合信用评价，共涉及 39 个三级指标，具体如图 5-5 所示。

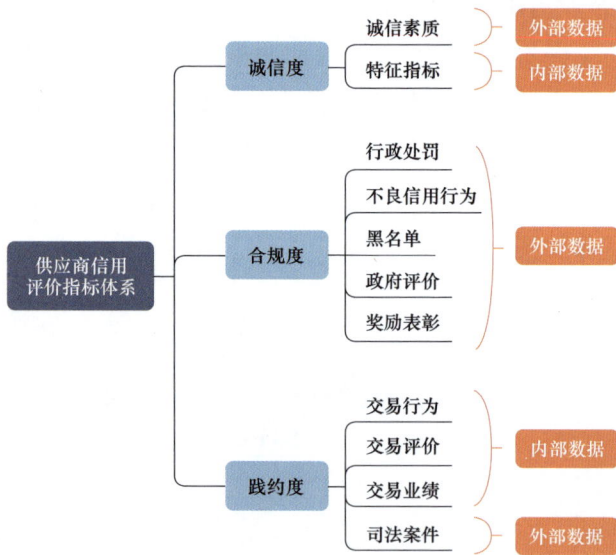

图 5-5　供应商信用评价指标体系

国网××电力与供应商主要产生经济交易关系，关注的主要风险是供应商的违约风险，因此在内部数据中主要关注反映供应商历史交易情况的数据，如投标情况、产品质量情况、违约情况、不良行为情况、服务评价情况、获奖情况等方面的数据；同时，辅以外部公共信用数据，对供应商在遵守法律法规、行业规范、非强制性标准等方面的情况进行分析，形成对供应商的综合评价，支持物资部根据供应商的信用状况实现对其的全流程精细管理。

（三）下游企业电力用户信用评价指标体系

企业电力用户信用评价模型以预测发生用电失信行为作为模型目标值，通过诚信度的诚信素质、特征指标，合规度的行政处罚、不良信用行为、黑名单、政府评价、奖励表彰，践约度的用电与缴费行为、司法案件等指标进行综合信用评价，共涉及 19 个三级指标，具体如图 5-6 所示。

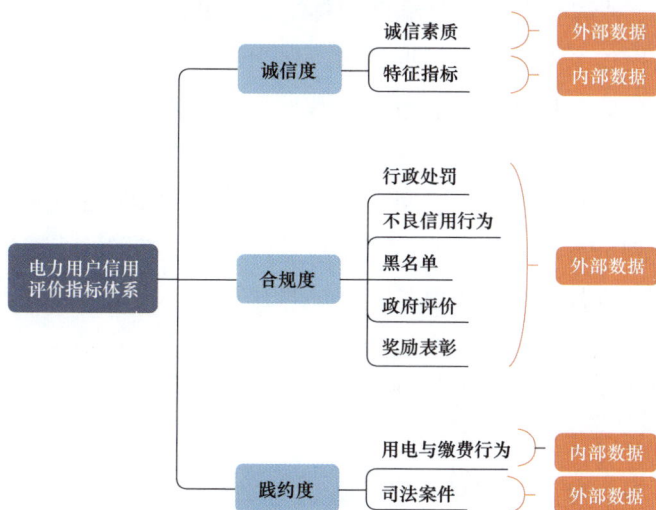

图 5-6　企业电力用户信用评价指标体系

国网××电力与企业电力用户也主要是发生经济交易关系，但是与供应商的关系不同的是，国网××电力不仅从商业角度关注用户的电费缴纳情况，还对用户的用电行为承担着一定的监督管理职责，如对用户的危害供电、用电安全、扰乱正常供电、用电秩序、窃电等行为的监督管理。因此，在对企业电力用户开展信用评价时，内部数据使用了相关的违约用电、窃电、欠费等数据，外部数据使用了公共信用数据及基础经济数据，从内部历史用电和缴费行为、外部经济状况和社会行为对企业电力用户的信用风险进行综合预测，支持营销部对电力用户的精益管理。

二、信用评价模型方法论

由于电网企业、上游供应商、下游企业电力用户的信用分析和评价具有不同侧重点，使用的信用数据包含相对静态数据和动态变化数据，因此需要采用不同的数据处理和建模方法。国网××电力采用多维度频次量化法、模糊综合评价法、有监督的机器学习方法等具有独创性和先进性的模型方法论，结合三维信用理论支持，从诚信度、合规度、践约度三个维度构建具有电网特色的全产业链信用评价模型。

（一）多维度频次量化法

多维度频次量化法（Multi-Dimension Frequency Quantization Method，MDFQM）是一种综合性的、多维度的频次量化方法，由吴教授信用管理工作室根据社会信用体系建设发展情况提出，适用于从多个维度客观、综合地对公共信用数据、商业信用数据、金融信用数据等多类型数据进行评估量化，已在28万余家企业样本中进行应用和验证。

多维度频次量化法基于组合最小二乘法和 ELECTRE-II 法的多属性决策模型的指标权重划分方法定量确定各属性权重，通过精确模型算法可以较好地处理企业诚信度、合规度、践约度的指标的量化问题。

多维度频次量化法操作的主要步骤如下：

（1）数据分析。选取企业属性，构造方案集和属性集。

（2）进行属性集频次量化。

（3）进行多维分析，构建属性权重多元优化模型。引入多元优化模型，从不同维度综合考量它们对属性集频次的不同影响，并在大数据分析的基础上对它们进行数理刻画。由于不同维度与合规频次的结合点不同，因此对属性集频次的侧重点表现出不同的属性评价值。

（4）求解属性权重。由于多个决策元（T_k: k=1，2）对属性 j 的综合权重赋值为 $w_j = c_j \times \left(d_j + \dfrac{1 - \sum_{j=1}^{n} c_j \times d_j}{\sum_{j=1}^{n} c_j} \right)$，$j$=1，2，…，$n$，属性权重多元优化模型的权重

向量为 $\boldsymbol{w}^* = [w_1, w_2, \cdots, w_j, \cdots, w_n]$，其中 $w_j = c_j \times \left(d_j + \dfrac{1 - \sum_{j=1}^{n} c_j \times d_j}{\sum_{j=1}^{n} c_j} \right)$，

属性集最终权重矩阵为 $\boldsymbol{A}^* = (A_{ij})\ m \times n = \boldsymbol{B}_\mathrm{w} \boldsymbol{T}$。其中，$A_{ij}$ 为企业 i 的第 j 个属性的最终权重值，$\boldsymbol{B} = (b_{ij})\ m \times n$ 为属性集频次矩阵。

同时，对部分定量数据，国网××电力采用证据权重（Weight of Evidence，WOE）和信息价值（Information Value，IV）指标对数据进行处理，以实现对缺失值和异常值的有效处理，并增强模型的业务解释性。*WOE* 描述了模型指标

与预测结果的关系，而 IV 则度量了此关系的强度，用以评估单个指标的预测能力，可以用于筛选变量。

在计算 WOE 和 IV 值之前，需要先对连续型指标进行分箱（Binning），可以选择等宽切割、等高切割，或者利用决策树切割数据；对离散型指标，如果自然分箱数量太多，可以进行分箱合并。完成基础分箱后，通过计算 WOE 和 IV 值对分箱进行调整。

WOE 和 IV 的计算公式为：

$$WOE_i = \ln\left(\frac{Bad_i}{Bad_T} \middle/ \frac{Good_i}{Good_T}\right)$$

$$IV_i = \ln\left(\frac{Bad_i}{Bad_T} - \frac{Good_i}{Good_T}\right)WOE_i$$

$$IV = \sum_{i=1}^{n} IV_i$$

WOE 和 IV 值主要用于对单个指标的处理，因此对每个指标，Bad_i 表示该指标的每个分箱中坏样本的数量，$Good_i$ 表示该指标的每个分箱中好样本的数量，Bad_T 表示坏样本的总体数量，$Good_T$ 表示好样本的总体数量，n 表示该指标的分箱数量。一般来说，在信用评价模型中，坏样本指违约样本，好样本指非违约样本。

实际上，WOE 表示的是"当前分组中坏样本占所有坏样本的比例"和"当前分组中好样本占所有好样本的比例"的差异，即当前分组中坏样本和好样本的比值和所有样本中这个比值的差异。差异通过前面两个值的比值取对数表示。WOE 越大，说明这种差异越大，则该分组中的坏样本的可能性就越大；WOE 越小，说明这种差异越小，则该分组中的坏样本的可能性就越小。

当前分组 WOE 的正负由当前分组坏样本和好样本的比例与样本整体坏样本和好样本的比例的大小关系决定，当当前分组的比例小于样本整体比例时，WOE 为负；当当前分组的比例大于整体比例时，WOE 为正；当当前分组的比例和整体比例相等时，WOE 为 0。WOE 的取值范围是全体实数。

WOE 描述了该指标当前这个分组对判断评价主体是否属于坏样本这个问题所起到的影响方向和大小。当 WOE 为正时，该指标当前取值对判断评价主体是否会响应起到了正向影响；当 WOE 为负时，起到了负向影响。WOE 值的大小则是该影响大小的体现。

通过不断调整分析，使得单个指标的 *WOE* 值满足单调性，而后计算最终的 *IV* 值。在实践应用中，*IV* 值评价标准如表 5-1 所示。

表 5-1 *IV* 值评价标准

IV 值范围	预测效果	英文描述
小于 0.02	几乎没有	useless for prediction
0.02～0.1	弱	weak predictor
0.1～0.3	中等	medium predictor
0.3～0.5	强	strong predictor
大于 0.5	难以置信，需确认	suspicious or too good to be true

（二）模糊综合评价法

模糊综合评价法（Fuzzy Comprehensive Evaluation Method，FCEM）主要基于 1965 年美国自动控制专家 Zadeh 教授的模糊集合理论。它根据模糊数学的隶属度理论把定性评价转化为定量评价，即用模糊数学对受到多种因素制约的事物或对象做出一个总体评价，其基本思想是用属于程度替代属于或不属于，刻画"中介状态"，尤其适用于三维信用综合评价应用。

模糊综合评价法的基本原理如下：首先确定被评价对象的因素集 $U = (x_1, x_2, \cdots, x_m)$ 和评价集 $V = (v_1, v_2, \cdots, v_m)$，其中 x_i 为各单项指标，v_i 为评价等级（如优、良、中、差等）；然后，分别确定各个因素的权重及它们的隶属度向量，获得模糊判断矩阵；最后，把模糊判断矩阵与因素的权重集进行模糊运算并归一化后，即可得到模糊综合评价结果。

模糊综合评价法的优点是隶属函数和模糊统计方法为定性指标定量化提供了有效的方法，实现了定性和定量方法的有效结合；很好地解决了判断的模糊性和不确定性问题；所得结果为评价集在其论域上的子集向量，克服了传统数学方法结果单一性的缺陷。其缺点是各因素权重的确定带有一定的主观性；在某些情况下，隶属函数的确定存在一定的困难。模糊综合评价法的建模步骤如下：

1. 确定评价对象因素集和评价集

确定因素集 $U = (x_1, x_2, \cdots, x_m)$ 和评价集 $V = (v_1, v_2, \cdots, v_n)$，其中 x_i 为各单项指标，m 为同一层次上单项指标的个数，v_j 为评价等级（如优、良、中、差等），n 为等级数或评语档次数。

2. 确定评价因素的权重向量

权重分配模糊矢量为

$$A = (a_1, a_2, \cdots, a_m)$$

式中，a_i 为第 i 个因素的权重，要求 $a_i > 0, \sum a_i = 1$。

3. 进行单因素模糊评价，建立模糊关系矩阵 R

逐个对被评价对象从每个因素 x_i 上进行量化，确定被评价对象各单因素对各等级模糊子集的隶属度，得到模糊关系矩阵 R：

$$R = \begin{pmatrix} r_{11} & \cdots & r_{1n} \\ \vdots & \ddots & \vdots \\ r_{m1} & \cdots & r_{mn} \end{pmatrix}$$

4. 多指标综合评价

利用合适的模糊合成算子将模糊矢量 A 与模糊关系矩阵 R 进行合成，得到各被评价对象的模糊综合评价结果矢量 B：

$$B = A \circ R = (a_1, a_2, \cdots, a_m) \begin{pmatrix} r_{11} & \cdots & r_{1n} \\ \vdots & \ddots & \vdots \\ r_{m1} & \cdots & r_{mn} \end{pmatrix} = (b_1, b_2, \cdots, b_n)$$

常见的模糊合成算子"∘"有 4 种，分别是 $M(\wedge, \vee)$、$M(\cdot, \vee)$、$M(\wedge, \oplus)$、$M(\cdot, \oplus)$，前两类算子为主因素突出型，后两类算子为加权平均型。其中，$M(\cdot, \oplus)$ 对 R 的信息利用最为充分，在实践中多选择此类算子。

$M(\wedge, \vee)$ 表示 $b_j = \max\limits_{1 \leqslant i \leqslant m} \{\min(a_i r_{ij})\}$，$j = 1, 2, \cdots, n$。

$M(\cdot, \vee)$ 表示 $b_j = \max\limits_{1 \leqslant i \leqslant m} \{a_i r_{ij}\}$，$j = 1, 2, \cdots, n$。

$M(\wedge, \oplus)$ 表示 $b_j = \min\{1, \sum\limits_{i=1}^{m} \min(a_i r_{ij})\}$，$j = 1, 2, \cdots, n$。

$M(\cdot, \oplus)$ 表示 $b_j = \min\{1, \sum\limits_{i=1}^{m} a_i r_{ij}\}$，$j = 1, 2, \cdots, n$。

5. 对模糊综合评价结果进行分析

模糊综合评价的结果是被评价对象对各等级模糊子集的隶属度，它一般是一个模糊矢量，而不是一个点值，因此能提供的信息比其他方法更丰富。要对多个评价对象比较并排序，就需要进一步处理，即计算每个评价对象的综合分值，按大小排序，按序择优，将综合评价结果 B 转换为综合分值，进而就可以依照其大小进行排序。其常用方法包括最大隶属度原则和加权平均原则。

国网××电力应用最大优先隶属组原则（Maximum Priority Membership Group Principle，MPMGP）对模型综合评价法进行了改进。最大优先隶属组原则由吴教授信用管理工作室提出，用于改进模糊综合分析法中传统的最大隶属度原则损失信息较多、效率较低的现象，通过将模糊评价隶属矢量转化为隶属组矢量的方法，实现对评价对象隶属等级的科学划分。

（三）机器学习

机器学习是一种算法，用于从大量数据中发现关系，形成知识，指导后续工作的进行。根据是否有预期的学习目标，机器学习可分为有监督的机器学习和无监督的机器学习。有监督的机器学习的目标是在给定一系列输入/输出实例构成的数据集的条件下，学习输入 x 到输出 y 的映射关系。对于给定的 x，有监督的机器学习可以对所视察到的值与预测的值进行比较。其中，输入数据被称为训练数据，每组训练数据有一个明确的标识或结果，如信用评价中的违约和非违约判定等。在建立预测模型时，有监督的机器学习建立一个学习过程，将预测结果与训练数据的实际结果进行比较，不断地调整预测模型，直到模型的预测结果达到一个预期的准确率。其常见应用场景主要是分类问题和回归问题，常见算法有逻辑回归（Logistic Regression，LR）和反向传播神经网络（Back Propagation Neural Network，BPNN）。

反之，无监督的机器学习的目标是在给定一系列仅由输入实例构成的数据集的条件下，发现数据中的有趣模式。无监督的机器学习对研究的问题并没有明确定义，因为研究人员不知道需要寻找什么样的模式，也没有明显的误差度量可供使用。在无监督的机器学习中，数据并不被特别标识，学习模型是为了推断出数据的一些内在结构。其常见的应用场景包括关联规则的学习、聚类等，常见算法包括 Apriori 算法及 k-Means 算法。

在信用评价模型中，一般存在着明确的数据预测目标，如预测企业是否会发生违约行为等，因此多使用有监督的机器学习方法。在国网××电力对电网企业、上游供应商和下游企业电力用户的信用评价中均设置了明确的预测目标，即以预测电网企业发生违规行为风险、供应商发生不良行为风险、企业电力用户发生用电失信行为风险为目标进行建模，结合电力信用大数据进行自动学习构建模型，从而实现对电网全产业链信用风险的提前预判和分析。

逻辑回归是信用评价中最常使用的模型，具有良好的解释性和预测性。逻辑回归模型的核心是使用 sigmoid 函数将输入变量转化为以 0 或 1 表示的二分类结果。

其模型结构为

$$h_\theta(x) = g(\theta^T x)$$

$$g(z) = \frac{1}{1 + e^{-z}}$$

式中，$h_\theta(x)$ 为模型预测结果为 1 的概率；θ 为参数变量矩阵；x 为输入变量矩阵；g 为 sigmoid 函数；e 为自然常数。

一般来说，当 $h_\theta(x) \geq 0.5$ 时，判定模型预测结果为 1，在信用评价模型中判定为违约；当 $h_\theta(x) < 5$ 时，判定模型预测结果为 0，在信用评价模型中判定为非违约。

模型建模过程主要是拟合其中的参数变量矩阵 θ 的过程。在机器学习中，主要采用最小化成本函数（Cost Function，CF）来拟合参数 θ。成本是衡量模型与训练样本符合程度的指标，代表了模型拟合出来的值与训练样本真实值的误差平均值。成本函数就是成本与模型参数的函数关系。一个数据集可能有多个模型可以用来拟合它，而一个模型有无穷多个模型参数，针对特定的数据集和特定的模型，只有一个模型参数能最好地拟合这个数据集，即为使得成本函数最小的最优拟合参数。

成本函数结构为

$$J(\theta) = \frac{1}{m} \sum_{i=1}^{m} \cos t(h_\theta(x^{(i)}), y^{(i)})$$

$$\cos t(h_\theta(x), y) = \begin{cases} -\log(h_\theta(x)), y=1 \\ -\log(1 - h_\theta(x)), y = 0 \end{cases}$$

其中，$J(\theta)$ 为成本函数；m 为训练样本数量；i 为样本标识。

通过梯度下降法（Gradient Descent，GD）最小化成本函数 $J(\theta)$，即可求解出最优的参数变量矩阵 θ。梯度下降法在机器学习中的应用十分广泛，其主要目的是通过迭代找到目标函数的最小值或者收敛到最小值。梯度下降法是一个一阶最优化算法。要使用梯度下降法找到一个函数的局部极小值，必须向函数上当前点对应梯度（或者是近似梯度）的反方向的规定步长距离点进行迭代搜索；如果向梯度正方向迭代进行搜索，则会接近函数的局部极大值点，这个过程则被称为梯度上升法。

梯度下降法的主要目标是通过不断重复迭代以下公式，求解得到成本函数的最小值，确定最优拟合参数变量矩阵 θ，从而确定逻辑回归模型：

$$\theta_j = \theta_j - \alpha \frac{\partial}{\partial \theta_j} J(\theta) = \theta_j - \alpha \sum_{i=1}^{m} (h_\theta(x^{(i)}) - y^{(i)}) x_j^{(i)}$$

第六章

电网企业全产业链信用评价结果与成效

在全产业链信用评价模型的基础上，国网××电力对于区域范围内电力行业相关企业进行了信用评价，并积极促进评价结果的应用，推动了公司信用管理水平的提高。

第一节　信用评价结果

国网××电力已经开展了对区域内产业链上下游企业的信用评价，同时电网企业信用大数据分析平台也得到广泛认可和使用。此外，通过利用信用评价结果进行信用管理，国网××电力实现了风险管理预警的常态化，打造内外双循环的信用发展格局。

一、信用评价沿产业链全面铺开

国网××电力开展电网企业全产业链信用评价，是深化"放管服"改革、优化营商环境的重要要求。公司结合电力领域省、市级的要求，组织开展了区域范围内的电网企业全产业链信用评价工作，共对产业链上下游 1777 名市场主体的信用展开了评价。参评主体包括电力用户 630 家、电网企业（供电及非供电）201 家、供应商 846 家。通过全产业链信用评价，公司可以准确把握"一体四翼"发展布局的历史定位和时代定位，真抓实干、攻坚克难，在确保公司信用战略部署有效衔接、落实落地的基础上，预警电网企业产业链上可能存在的信用风险，营造诚实守信的市场环境。信用评价的结果为国网××电力深化企业信用体系建设、打造电网全产业链的企业信用管理机制提供了有力支持，也将被其他行政主管部门在招标投标、政府采购、行政审批、市场准入等工作中广泛应用，进而为行业内建立健全守信激励和失信惩戒机制做出重要贡献。

目前，电网企业信用大数据分析平台已获得广泛使用和认可。自上线以来，全平台累计用户数达到 605 人次，累计点击次数达到 21916 次，累计登录次数达到 7937 次，退出次数仅 112 次。通过电网企业信用大数据分析平台，应用大数据分析手段，国网××电力得以集中实现企业信用分类管理、信用风险预警、执法过程信息共享等多项功能。

在新电改背景下，正确合理地评估电力用户的信用风险并提出预警是决定国网××电力未来发展的重要因素。为了进一步开展电力用户履约信用评价，帮助供电企业权衡电力交易时的风险水平，公司通过大数据分析平台实现对企业主体的全生命周期跟踪，管理建档安排、事件处置、综合评价及事件撤销等事件 1604 次，填报经营风险 36 次、司法风险 291 次，有效地协助相关部门和电力企业防范信用风险事件，提升自身的信用水平及事件管理能力，助力优化营商环境，实现电网企业管理事中事后管理。

国网××电力为监管部门筛选出更多指向性的监管目标群体，提供电网企业信用状态定性查询和批量查询功能。较为频繁的信用查询统计，能够为公司各级单位提供信用信息数据增值服务，并持续跟踪反馈使用效果，有助于探索推进以信用为基础、贯穿市场主体全生命周期，进而衔接事前、事中、事后全监管流程的新型能源监管机制建设。

二、常态化管理预警风险

国网××电力进一步加强对涉电主体的管理，产业链上下游主体在用电过程中发生的窃电、恶意拖欠电费、故意破坏电力设施等行为都将被纳入电网企业信用大数据分析平台。目前，全平台的欠费填报、盗窃电、不良供应商及涉电主体信用查询共计 63 次，对于其中存在严重失信的涉电主体，将依法依规列入严重失信名单进行失信联合惩戒。同时，为了推动部门对产业链中存在较高信用风险的供应商开展重点管理，公司对电网企业信用大数据分析平台内的所有供应商进行不良行为检测，相关供应商共计发现存在 94 次不良行为。在后续采购中，将减少将其纳入邀请范围的次数，并将上述数据在系统内共享，进而实现对供应商主体的精准高效管理。

国网××电力以企业信用管理的方式，疏通管理"中梗阻"，促进企业效率提升。在电网企业管理方面，目前平台进行企业指标管理 139 次，安全考核预警 49 次，电网设备事故预警 10 次，信息网络安全管理 8 次，获奖信息管理 52 次。企业上下全面贯彻落实国家电网公司诚信文化建设、诚信能力提升、信用管理强化、诚信品牌塑造等决策部署，形成覆盖企业及产业链上下游利益相关方的全业务、全链条、全过程信用管理工作机制，提升企业信用管理水平，实现全过程跟踪。

国网××电力利用电网企业全产业链信用评价结果开展信用管理，进行了广泛深入探索，在电力业务事前、事中、事后的日常管理中积极应用信用评价结果，初步实现信用管理常态化。目前平台对电力用户信用状态综合分析 261 次，电网企业信用状态综合分析 963 次，供应商信用状态综合分析 1267 次。公司能够灵活拓展评价结果应用，将信用综合评价结果作为工作参考，在日常管理、专项管理、重点管理、问题管理、行政管理、市场交易等工作中实施差异化、靶向性管理，同时积极推广应用评价结果，并指导督促企业积极开展信用承诺、信用修复、信用应用等工作，切实防范信用风险，营造诚实守信市场氛围。

总体而言，通过电网企业全产业链信用评价，国网××电力自身及其所属企业信用建设得到了切实加强，信用评价初显成效。公司以信用评价结果为基本参照，组织开展新能源发电项目许可信用专项监管，提升监管精准性，实现了信用体系建设和市场主体管理的预期目的，推动电网企业、供应商信息更加透明化，传递了电网企业交易参与和客户服务的能力，为产业链发育提供了健康、有效的引导。在实现电网企业高效管理的同时，更加合理地鼓励产业链上下游的电力用户、电力企业及供应商们参与交易。通过产业链上下游参与主体的信用评价定级，在透明市场现状的同时，以交易数据作为关键维度，进一步向市场传递电网企业参与交易和服务客户的能力，为市场的健康发展提供有力的导向，也为用户进行选择提供了有效参考。

三、打造内外双循环的信用发展格局

国网××电力的电网全产业链企业信用管理模式实现了对内强化信用意识、对外打造信用形象的内外双循环相互促进的新发展格局，使"诚信国网"名片内化于心、外化于行。

在对内管理上，国网××电力开展信用相关教育工作，从信用的基本理论、国内外信用发展历程及趋势、电力建设领域信用评价规范的企业管理、质量安全和财务管理等指标内容出发，对公司内部员工进行了理论与实践相结合的培训，加强信用知识的宣传培训，督促了能源企业加强信用管理制度建设，设计出科学的信用管理流程，建立了内部职工诚信考核与评价机制，加深了国网××电力一线信用专责人员对信用建设的系统理解与认识，为国网××电力深化企业信用体系建设、打造电网全产业链的企业信用管理机制提供了有力支持。公司除了加强对各级电网企业诚实守信文化的培养外，更加注重内控实操层面的业务培训，将各政府部门的信用管理规定进行分解细化，从业务操作源头加强信用教育，建立健全公司信用工作机制，同时以大数据分析评价为手段，打造贯穿事前事中事后全过程的信用管理和风险防范体系，持续提升公司信用能力和水平，着力打造"诚信国网"。

在对外引导上，国网××电力建立信用动态协同监控机制，梳理公司通用制度和法律风险事项，形成信用风险库，明确前期服务、网络设备等供应商违法失信行为评价标准和管理要求，实施安全生产、电网建设违规生产施工企业和作业人员"负面清单"及"黑名单"管控，动态监测涉电力领域失信行为信息，重点监管法律案件、产业单位等高风险领域，致力于减少乃至避免黑名单事件的发生。通过对上下游企业信用分类管理和奖惩，充分发挥了产业链核心企业的信用带头作用。同时，大力宣传诚信电力建设企业的典型案例，增强公众对本行业信用的普遍认知，从而促进经济交易过程中信用规则的建立，带动整个电网产业信用环境的持续改善，营造了诚实守信的电力市场交易氛围，维护了电力市场秩序，体现了企业的社会责任感和使命感。国网××电力信用管理经验被做成优秀课件推荐到国网大学平台进行推广分享，培训人次超过 3 万，线上培训学习覆盖面和影响力持续扩大。同时，制作诚信动画在本部及各级单位宣传学习，加强诚信理念宣贯培训，营造诚信氛围。

国网××电力通过信用评级实践中的一系列举措，聚焦赋能服务提质增效，不断提升电力服务的质量，同时，积极推进电力大数据、人工智能、区块链等技术的改革创新，以期能够带动电网全产业链中的关联企业、上下游企业的发展，使得诚信文化逐步深入人心。同时，公司积极履行了应当承担的经济责任、社会责任和政治责任，塑造了安心、负责任的诚信形象，打造出了"诚信国网"的金字招牌。

第二节 信用评价应用

信用评价结果被广泛应用于电网系统管理、产业链全流程管理、营销服务管理、增值业务管理等方面，推动了企业整体竞争水平的提升。

一、提升电网系统治理水平

国网××电力构建信用大数据分析平台，分析供电企业、非供电企业、营销、物资、安全、调度等 2577 个数据表和 55589 个数据字段，整合剖析信用大数据价值；分对象设计信用评价模型，从企业诚信度、合规度、践约度构建适用于内部电网企业和外部供应商、电力用户的信用评价体系，开展电网系统多维度信用分析与管控；挖掘电网信用大数据应用价值，选取 2 家供电公司，深入研究电网企业内部有价值的电网特色信用数据，筛选形成电网信用大数据清单，探索开发电力信用数据应用方式及商业模式的新场景，实现电力信用数据服务新模式。

国网××电力以信用评价为抓手，加强对下属供电公司和非供电公司信用状况的动态量化分析，覆盖了电网企业经营的生产、建设、运营各环节全过程。各级电网企业的信用管控人员可一键查询本公司及下属公司信用报告，按信用风控需求灵活定制风险提示模块，设置风险提示阈值，一旦触发相关条件即自动报警提示，并留存风险点备查。利用企业用电数据、违约用电和电费收缴等信息，开展电力视角企业信用评价。积极对接各类金融机构需求，探索建立商业合作模式，积极开展企业信贷评级和额度评估。基于企业容量状态、用电量、违约用电等行为，分析企业运营风险，服务金融机构对已贷款客户进行贷后预警。每月定期生成信用综合多维分析报告，立体式挖掘和分析失信事件发生的内控薄弱环节，从源头上提供信用风险管控解决方案，实现电网系统精准管理，推动电网企业治理水平提升。

二、构建产业链全流程信用管控

国网××电力以供应商交易信用为核心，在物资供应的全流程实行精细化管理，对每年上万家参与物资采购投标的企业和 1000 余家提供相关物资供应服务的供应商进行事前、事中、事后全流程精细化信用管理，助力国家电网公司现代智慧供应链建设，促进经营实力领先。

事后管理过程中，在事前，根据供应商信用评价结果进行投标企业预筛查，实行承包单位安全资信报备制度，对参与公司业务外包的承包单位安全资信情况进行复核，实现承包单位信息共享，同等条件下对信用状况良好的供应商优先考虑，对信用状况不良的供应商从严审查，对信用状况严重不良的供应商一票否决，从源头上净化与国网××电力进行交易的供应商群体信用状况，引导供应商后续物资供应行为向诚实守信转变。在事中，实行承包单位过程安全管控，对发生安全事故（件）、存在违法违规行为、安全管理混乱的承包单位及其项目负责人实行"负面清单"等管理。除了实现物资品类、供应商、生产批次抽检"三个百分之百全覆盖"外，在日常随机抽查中根据供应商信用状况实行差别化抽检。在抽取检查对象时，对 A 级企业选用最低抽查比例，对 B 级企业适当降低抽查比例，对 C 级企业适当提高抽查比例，对 D 级企业大幅提高抽查比例，必要时全面覆盖，提高质量检查力量分配效率。在事后，对存在"负面清单"等的承包单位及其项目负责人实行分类行业禁入，确保"黑名单"公司不进入公司生产经营范围。同时，根据供应商信用状况，对其实行差异化的信贷资金扶持策略，与银行等金融机构合作，对与国网××电力签订合同的供应商提供不同程度的金融服务，以金融手段反向引导供应商管理提质增效。

国网××电力将"诚信守法、合规经营"作为信用评价应用落地的重要组成部分，纳入战略地图并设计重点任务予以实施，从设备运检、营销服务、项目投入产出等方面进行信用数据洞察和价值评价，划小经营单元开展价值贡献评价，服务提质增效和精准考核；分析挖掘采购规律与特点，优化采购实施进度安排，开展产品质量、供应商信用、资质能力、供货服务等多维评价应用，提升设备采购质效；分析挖掘不同厂家、不同年代、不同类型设备缺陷异常规律，优化完善设备技术标准和运维策略。将信用管理提升纳入国际对标重点任务，逐步改进事前、事中、事后的信用管理机制。

三、推动电力营销服务品质升级

国网××电力紧抓主要矛盾，以对营业额影响较大的电力大用户为关键，建立企业电力用户信用风险预判模型，将营销系统中的用电和缴费数据与外部数据相融合，创新开展营销服务精益管理，推进服务品质领先。通过深度挖掘客户诉求，结合"便利性、及时性、经济性、可靠性"等维度，识别营销服务中存在的薄弱环节，进而予以客户服务优化建议，分析区域电力营商环境，促进办电服务水平提升。创新开展班组和员工信用画像，构建基于业务价值链的班组、员工信用画像评价体系，从经营水平、安全管理、服务质量、社会影响、信用记录等维度评价并规范班组和员工的信用行为，实施差异化、精准化信用管理。

在营销服务方面，信用等级作为国网××电力对市场主体进行差异化服务的依据，信用越好的市场主体，需缴纳的履约保函越少，可参与的交易品种越多，申报电量上限越高，成交优先级越高。对电力信用等级较高的企业电力用户提供绿色通道、专属用电方案等电力增值服务，优先为信用良好的用户提供更加便捷的电力服务，提高用户满意度。国网××电力通过专业的信用制度建设，进一步明确前期服务、网络设备等供应商违法失信行为评价标准和管理要求，实施安全生产、电网建设违规生产施工企业和作业人员"负面清单"及"黑名单"管控，重点监管法律案件、产业单位等黑名单高风险领域，尽量避免黑名单事件的发生；与此同时，强化失信联合惩戒，严控 161 家有关企业进入招投标和生产经营领域，依法合规维护公司合法权益。

信用评价标准将应用到国网××电力的营销系统里，根据客户缴费方式、缴费金额等数据，判别用户的守信意愿，全面分析客户用电行为，方便客户经理针对不同用电类别、不同信用等级的用户制定个性化的电费催缴费策略，提供精准服务，从而有效加强电费回收力度，降低电费回收风险，构建"诚信用电"客户评价体系。在电费回收方面，国网××电力通过企业电力用户的动态评价、用电行为异常分析及预警构建用电客户画像，关注客户用电规律，发现违约用电、窃电、电价执行偏差等异常行为，评估客户信用等级，为各级供电公司及时预警电费回收风险，促进企业电费回收，尤其是结合工商信息、税务信息、司法履约等外部数据和用户电量、电费、容量等电网内部数据，准确识别外部风险源，输出风险防控评级报告。依托电力信用评价结果，完善电费催收策略库建设，对电力征信 E 类客户实施安装高压费控装置策略，以违约信息披露等刚性催收手段，宣传推广电力信用评价的社会约束力，进而实现电费回收百分百的目标。供电公司据此识别高信用风险客户，及时跟进交费情况，避免电费拖欠。建立以电力用户信用等级与评价管理为核心的信用档案系统，加强电力信用数据交互。对拖欠小额电费的失信行为探索建立小额诉讼等简易处置机制，对失信被执行人、用电失信等行为实施联合惩戒。

四、助力增值业务与新型产品优化

国网××电力强化信用规范管理，加强合规管理体系建设，全面开展制度标准对应岗位在线宣传培训，夯实依法合规诚信理念和行为规范，探索大数据技术和信用标签；修订完善安全生产、工程建设等相关业务领域黑名单、行政处罚风险排查标准，系统提升国网××电力内部的信用风险排查能力；通过电力信用评价赋能，在电网建设、设备管理等各生产环节助力公司智慧运营，提升国网××电力的数据增值服务能力；建立信用动态协同监控机制，梳理国网××电力的通用制度和法律风险事项，形成信用风险库；同时依托"信用中国"等网站和公司舆情监测工具，动态监测涉电力领域失信行为信息，防线前移，化解信用风险。

进一步加快国网××电力评价增值服务产品的开发和推广。完善优化电力信用评价增值服务，分类建立融资业务贷前、贷中、贷后全流程业务及数据模型，引入用户星级评价、用电特征、缴费额度、违约行为等多维度信用数据，定制化构建用户信用模型，并与其他相关企业建立战略合作伙伴关系，帮助企业获得授信；开展电力数据应用分析，依托电力数据客观、实时等特点，结合产业链上下游用电数据，深度挖掘用户信用特征，建立跨行业数据融合机制，应用大数据方法，形成电力用户信用信息记录；建立以信用为基础的"金融+电力+客户"商业信贷模式，依托基层单位营销团队深入产业上下游中小微客户，精准定位信用记录优良的用户，帮助其向银行申请贷款；全面推进电力消费指数等信用评价应用落地和常态发布，深入推进国网××电力的"信用+"增值服务工作。

第三节 信 用 评 价 成 效

电网企业信用评价推动了新型信用管理机制的构建，实现了对信用数据资产的综合利用，形成了产业链信用管理体系，有利于提升经济效益，推进企业信用建设进程。

一、完善企业内部信用管理机制，提升经济效益

国网××电力着力构建以信息归集共享为基础、以信息评价为手段、深化信用合作、强化信用管理，切实把社会信用体系建设推向深入。国网××电力全面贯彻落实能源行业信用体系建设工作要求，不断构建完善信用管理机制，动态监测企业信用状况，整体信用管理水平稳步提升；通过构建事前、事中、事后全过程闭环管理机制，实现信用工作管理规范化；落实外部监管要求，研究公司信用综合评价标准，依托大数据分析手段，为实现信用水平的定量评价奠定基础。

国网××电力创新构建了以信用为基础的新型企业管理机制，通过电力信用大数据的整合与应用，挖掘了传统技术方式难以展现的信用关联关系，促进电网企业内外部信用数据融合和资源整合，极大提升了电网企业整体信用数据分析能力，为有效处理复杂信用问题提供了新的手段。国网××电力以信用大数据分析和管控平台为基础，优化了电网企业、供应商、企业电力用户的管理流程，明确了各部门和基层单位信用专责人员的职责分工，提高了国网××电

力信用风险管控效率，降低了供应商筛选和检查时间，提高了电力用户服务满意度，实现了公司整体信用风险管控智能化，提升了公司管理质效。国网××电力从2019年首次利用信息化手段加强信用管控，预警化解高风险事件，核实清理历史信用风险信息，失信事件数量逐年降低。根据监测单位数量及失信事件发生的概率进行测算，可以得出处置每件失信事件带来的成本（如缴纳罚款、人工费、舆论影响等成本）。通过数据计算出在建设新型信用管理机制前后电网企业每年发生失信事件的成本之差约为900万元，此即构建信用管理机制创造的经济效益。

二、形成产业链信用管理体系，打造信用生态

国网××电力持续完善信用风险管理机制，积极开展电力行业信用建设工作，通过构建电网企业全产业链信用管理体系，不断优化产业链信用生态。公司内部各级部门利用电网企业信用大数据分析平台，创新研发针对电力行业主体特征的信用产品，整合运用多维度高频数据，建立智慧信用风险管理模型，探索形成能够真实还原企业信用水平、行为特征的信用评价应用，促进电网企业全产业链实现信息互通共享；强化信用风险管理与自律建设，严格规范电力产业链上下游企业信用管理，高效反馈涉电领域产品供应质量不合格、涉电主体弄虚作假等失信问题，推动提高企业信用管理水平；充分发挥信用管理"大数据"的作用，根据分类为数据信息打标签，对信息进行统计与撮合，逐步形成产业链上下游共享联动的管理大格局，对违法违规行为依法依规加大惩处力度，形成有效震慑。

国网××电力信用管理不断探索推进，已成为电力行业高质量发展的重要推动和保障力量。国网××电力以信用评价应用为核心，围绕价格与成本、电网公平开放、供电服务、业务许可多点发力，不断丰富信用管理内容，创新信用管理模式，管理效能日渐提升，作用日渐彰显；通过实时归集信用信息，开展多维度分析、可视化管理设计和辅助决策工作，依托电网企业信用大数据分析平台，构建开展基于信用评价模型的信用增值服务，提升国家治理现代化服务能力，实现信用风险预警和在线监控能力；探索完善公司内部信用信息共享共用工作机制，服务财务、科技环保、物资、电力交易等专业精益化管理，进一步促进国网××电力的数字化管理转型，进而助推能源行业信用体系建设和国家信用体系建设。

三、探索信用技术创新应用，引领企业信用建设

国网××电力搭建的信用大数据分析和管控平台是对电力信用大数据进行采集、存储和关联分析的新一代信息技术和服务综合平台，将分散在财务、营销、物资、调控、电力交易、工程建设等专业管理领域的电力信用数据资源整合，实现了对电网企业、上游供应商、下游企业电力用户信用大数据的综合应用，盘活了能源互联网企业信用数据资产。后续进一步推动电力信用大数据与政府、金融机构等外部机构的对接，可以提升能源互联网企业信用数据资产的经济和社会价值，充分发挥数据要素对其他要素效率的倍增作用，在依法依规、保障数据安全的前提下深挖企业信用数据价值，释放数据潜能，实现数据多向赋能，探索能源领域市场信用信息与公共信用信息融合应用，推动电网企业与能源行业高质量发展。项目成果已在公司系统内全面推广应用，2019～2021年，国网××电力信用管理典型做法连续三年被刊发在《国家电网工作动态》上，为"信用国网"数字生态体系建设做出了重要贡献。公司信用管理经验也得到国家能源局认可，信用工作典型经验发布在国家能源局信用工作微平台，创新成果荣获国家电网公司2020年度管理创新成果二等奖、第二十八届全国企业管理现代化创新成果二等奖。

第七章

电网企业信用管理实践案例

近年来，在政策的引导下，我国电网企业积极探索，不断推进企业信用体系建设，为电网企业信用管理提供了宝贵的实践经验。

第一节　建立健全信用管理机制

电网企业通过加强顶层设计、健全和完善信用管理制度等措施逐步推进信用体系建设工作，取得了一定的成效：

国家电网公司加强顶层设计，制定印发了《"信用国网"数字生态体系建设工作方案》《国家电网有限公司信用工作管理办法》《国家电网有限公司关于加强失信联合惩戒有关工作的通知》等系列顶层文件，全面部署信用体系建设工作。组织构建事前、事中、事后全过程闭环管理机制，实现公司信用工作管理规范化。组织编制《国家电网有限公司信用综合评价标准》《国家电网有限公司信用信息归集与使用规范》等指导文件，落实外部监管要求，依托大数据分析手段，从守信能力、守信意愿、守信表现三个维度建立综合评价指标体系，为实现信用水平的定量评价奠定基础。

国网天津电力构建信用管理"战略地图"。构建包含 12 个管理要素、37 项关键成功因素的国际领先省级电网企业能力框架及战略地图，将诚信守法、合规经营作为公司战略在津落地的重要组成部分纳入战略地图，并设计重点任务予以实施。将信用管理提升纳入国际对标重点任务，逐步改进事前、事中、事后的信用管理机制。创新开展班组和员工信用画像。构建基于业务价值链的班组、员工信用画像评价体系，从经营水平、安全管理、服务质量、社会影响、信用记录等维度评价并规范班组和员工的信用行为，实施差异化、精准化信用管理。

国网山东电力坚持"三强化"提升信用风险管控水平。强化信用规范管理，加强合规管理体系建设，全面开展制度标准对应岗位在线宣贯培训，夯实依法合规诚信理念和行为规范。强化专业信用制度建设，明确前期服务、网络设备等供应商违法失信行为评价标准和管理要求，实施安全生产、电网建设违规生产施工企业和作业人员"负面清单"及"黑名单"管控，重点监管法律案件、产业单位等黑名单高风险领域，确保不发生黑名单事件。

南方电网公司围绕体系清晰、制度简明、执行到位三大目标，精简制度文本，重塑业务流程，提升制度实效，夯实企业良法善治的制度基础。组织修订

《供应商失信扣分管理实施细则》《基建承包商违章扣分管理工作实施指南》等管理制度，实现信用工作有章可循、有章必循。南方区域五省区电力交易机构积极探索和深化研究电力市场主体信用评价和信用担保机制，形成制度规范，为各省区电力市场信用工作提供政策和制度支持。以合规管理为基础，以风险管理为重点，组织修编公司内控管理手册、评价手册、评估标准等文件，推进建立内控体系。梳理 17 个业务领域 405 项业务事项的内控合规要求，推动内控管理融入业务流程。建立内控监督评价机制，截至 2020 年底，全网累计发布风险提示函 122 份。

内蒙古电力集团坚持预防为主、综合治理的方针，以制度体系建设为抓手，明确落实责任分工，加强重点领域、重要环节监管力度，修订完善集团内部《信用信息管理标准》《物资供应商不良行为管理办法》等管理标准，形成事前有预警、事中有管控、事后有跟踪的信用体系闭环管理模式，做到全过程管控。深入开展风险隐患自查自纠和专项排查全覆盖工作，指导所属单位聚焦物资采购、营销服务、纳税申报等重点领域梳理风险点，制定防范措施清单，并将信用风险排查落实情况纳入业绩考核，切实筑牢信用风险防控底线。

第二节　应用数据技术赋能信用管理

电网企业不断加强信息化建设，依托于数据技术和平台向数字化转型，助力企业信用管理水平的提升。

国家电网公司开发信用大数据分析与应用平台，构建各业务联动的统一信用评价模型，并选择国网天津、山东电力为试点，依托大数据分析技术，设计多层次、多维度的电网企业信用标签库，全方位分析评价电网企业的信用水平和提升空间，切实完善以信用信息为手段的信用风险管理机制。开发建设公司信用信息平台，与"信用中国"网站建立接口，实时归集信用信息，开展多维度分析、可视化管理设计和辅助决策工作。依托公司大数据中心平台，构建企业画像模型算法，开展信用体检、企业画像、群体分析等微服务开发，实现信用风险预警和在线监控能力。探索建立公司内部信用信息共享共用工作机制，服务财务、科技环保、物资、电力交易等专业精益化管理，进一步促进数字化管理转型。2021 年，国家电网公司全面落实国家和行业信用体系建设部署，在能源行业率先启动"信用国网"数字生态体系建设，进一步彰显责任央企信用价值。印发实施"信用国网"数字生态体系建设工作方案，以信用数据分析为手段，促进公司信用工作的系统化、规范化、科学化，打造"信用国网"生态圈和产业链。上线试运行"信用国网"信用数字生态（一期）。依托"信用中国""信用能源"数据资源，动态监控公司内外部企业信用状况，为防范企业内部信用风险和公司各专业开展信用管理提供数据支撑。建立公司信用综合评价双认证数据模型，定期组织对公司内外部企业进行精准信用画像，实现信用风险预警。

国网山东电力探索利用大数据技术和信用标签等开展市县公司的信用评价工作，修订完善安全生产、工程建设等 19 个专业领域黑名单、行政处罚风险排查标准，系统提升信用风险排查能力。强化失信联合惩戒，将 10 家长期欠费企业纳入重点关注名单进行管理，严控 161 家有关企业进入招投标和生产经营领域，依法合规维护公司合法权益。

国网重庆电力实现跨行业电力用户信用信息应用。搭建电力信用大数据金融服务平台，分类建立融资业务贷前、贷中、贷后全流程业务及数据模型，引入用户星级评价、用电特征、缴费额度、违约行为等多维度信用数据，定制化构建用户信用模型，与 12 家银行建立战略合作伙伴关系，帮助 11 家企业获得授信 3640 万元。开展电力数据应用分析，依托电力数据客观、实时等特点，结合产业链上下游用电数据，深度挖掘用户信用特征，建立跨行业数据融合机制，应用大数据方法，形成电力用户信用信息记录。建立以信用为基础的"金融+电力+客户"商业信贷模式，依托基层单位营销团队，7500 余名营销人员深入产业上下游中小微客户，精准定位信用记录优良的用户，帮助其向银行申请贷款。

国网尚义县供电公司根据信用管理制度及规定建立信用管理档案，对于用户的各种信用资料、记录完整保存，服务于电力市场条件下要求不断加强的信用管理工作。信用管理档案包括公司资质、信用制度、服务标准（规范）、各种合同、对外担保、社会（中介）评价、政府授奖（罚）、授信证明、客户投诉、客户回访、客户调查等方面。对电力用户开展用电资信评级工作，根据重要电力用户单位企业资质等级、电力设备及操作水平、电工人员是否持证上岗、运行中有无责任事故、有无窃电记录、有无拖欠电费记录、供用电合同执行等情况，并考虑电力用户的商业信用、企业业绩、赢利水平、缴税情况等，对电力用户单位进行评级，建立电力客户的信用档案。

第三节　对信用信息进行全流程动态监测

电网企业通过建立信用动态监测机制，加强对信用信息的全流程动态管理，及时处理失信行为，提升信用管理的效率。

国家电网公司实现与"信用中国""信用能源"等网站信用数据的实时交互共享，及时归集、保存、统计涉及公司所属各级单位的失信行为记录，分析失信行为的变动、分布和修复情况，初步实现信用信息的全过程在线管理。与国家公共信息中心、国家能源局资质中心签订合作备忘录，实现信用信息共享。每月及时获取并通报公司各级单位有关失信黑名单和重点关注名单信息，对被列入黑名单或重点关注名单的，要求落实主体责任，查明分析失信行为原因，限期进行整改，防范不良影响。依据国家及行业相关涉电力领域市场主体失信行为评判标准，聚焦法律纠纷案件、安全生产、环境保护等信用风险防范重点领域，梳理信用风险点488项，建立风险防范措施438条，提高信用意识和依法依规办事意识。

国网上海电力创新建立全过程动态信用监测。按照监管类、非监管类企业的不同类型，分别制定评价规范，设立涵盖各业务领域的三级指标体系。该体系包含63项评价指标和13个信用评价等级，精准评估信用水平。建立信用动态协同监控机制，梳理公司通用制度和法律风险事项，形成信用风险库，并依托"信用中国"等网站和公司舆情监测工具，动态监测涉电力领域黑名单、重点关注名单和失信行为信息，防线前移，化解信用风险。编制信用修复操作指导书和培训手册，明确信用修复的具体流程和操作步骤，为信用修复工作提供指导。

国网陕西电力强化安全生产信用管理。事前管理过程中，实行承包单位安全资信报备制度，对参与公司业务外包的承包单位安全资信情况进行复核，实现承包单位信息共享。事中管理过程中，实行承包单位过程安全管控，对发生安全事故（件）、存在违法违规行为、安全管理混乱的承包单位及其项目负责人实行负面清单等管理。事后管理过程中，对存在负面清单等的承包单位及其项目负责人实行分类行业禁入，确保"黑名单"公司不进入公司生产经营范围。

南方电网公司全面梳理2018—2020年经营范围内市场主体失信行为信息，重点梳理违约用电、拖欠电费、未履行市场化交易合同等侵害电网企业运营与经营的失信行为，累计报送失信行为 62 宗，列入涉及电力领域重点关注对象名单并向社会公布。从用电行为、预测行为等多个维度对用电客户进行大数据分析，为客户画像，实现用户的分类和差异化管理。有针对性地给用户提供个性化服务，进一步挖掘用户需求，指导用户优化用电习惯、信息获取渠道和缴费方式，全方位提升用户满意度。

内蒙古电力集团全面梳理、动态监测涉电力市场主体在电网领域失信行为信息，建立健全信用动态监测机制，重点打击违反电力法律法规、违背信用原则等失信行为。截至 2020 年底，组织所属单位梳理存在违约用电及窃电、破坏电力设施、拖欠电费、存在用电安全隐患 4 大类失信行为共计 23 条，治理失信企业 135 家，全面增强企业免疫力。

第四节　以评促治推进市场主体自律

电力企业根据电力信用评价结果采取相应的惩戒措施，推动了信用评价结果的推广运用，也进一步巩固了信用建设的成果。

国家电网公司在内部管理方面，组织所属各单位深入开展信用状况自查自纠，落实各级主体责任，全面梳理信用风险涉及的业务领域和关键环节，从源头查找失信隐患风险。在公司上下游关联企业管理方面，在电力市场交易、招投标等方面严格规范。在电力交易方面，对于纳入"黑名单"的售电公司实施相应的惩戒措施。在供应商管理方面，被人民法院列为失信被执行人、被政府主管部门认定存在严重违法失信行为或纳入电力行业"黑名单"的供应商，其参加公司招标采购活动作否决投标处理。对被列为黑名单或重点关注名单的单位，通过约谈、提醒、下达整改函等方式，责成相关责任单位深刻查摆分析失信原因，迅速落实责任实施整改。

国网浙江电力政企联合推进失信联合惩戒。结合浙江省信用"531X"工程（"聚焦五类主体、健全三大体系、完善一个平台和实施若干应用"），印发"诚信浙电"三年行动方案，构建专业主导、分层管控、主体负责的浙电信用体系，支撑"诚信国网"和"信用浙江"建设。与地方发展改革委员会等单位建立以电力用户信用等级与评价管理为核心的信用档案系统，加强电力信用数据交互，完成 7473 家企业 88 万条数据推送。与地方法院联合印发会商纪要，对拖欠小额电费的失信行为建立小额诉讼等简易处置机制，对失信被执行人、用电失信等行为实施联合惩戒。

国网山西电力建立电费监测工作机制。依托电力信用评价结果，完善电费催收策略库建设，对电力征信 E 类客户实施安装高压费控装置策略，实行违约信息披露的刚性催收手段，宣传推广电力信用评价的社会约束力，连续 7 个月实现电费回收百分百目标，累计回收电费 501.72 亿元。

国网永州供电公司积极争取将涉电失信行为纳入地方征信系统。2020 年 5 月，公司与永州市信用体系建设领导小组对接，会商对于违约用电、窃电等不诚信行为纳入永州市失信人员名单具体事宜。2020 年 11 月，公司按照永州市信用体系建设领导小组的要求，着手将窃电企业、人员信息录入永州市信用信息共享平台，为信用永州的打造作出贡献。同时公司集中组织施工单位和供应商召开廉洁诚信交流会，与会单位代表积极发言，表示将廉洁诚信履行自身的权利和义务，全体与会施工单位及供应商当场签订了廉政诚信承诺书。在公司与各单位签订合同之前，均在信用中国网站上查询核实相关方是否被列入重点关注、黑名单，避免与不诚信的企业发生交易。

南方电网公司认真贯彻落实国家发展改革委、国家能源局《关于加强和规范涉电力领域失信联合惩戒对象名单管理工作的实施意见》要求，近三年公司滚动修订完善《供货商失信扣分管理实施细则》，不断规范供货商失信工作流程，完善失信管理机制，推进构建公司供货商信用管理体系。截至 2020 年底，公司系统开具供货商扣分单 713 单、扣分 1850.9 分，扣分供应商 494 家，实施不接受投标或市场禁入供应商 161 家。

第八章

电网企业信用评价与应用展望

国家电网公司以及国网××电力为电网企业信用评价以及信用体系建设提供了可行的路径。在现有的信用建设工作基础上，电网企业可以进一步拓宽信用评价结果应用范围，充分发挥信用评价在风险预警等方面的作用，提升电力行业整体信用水平。

第一节　信用评价结果应用延伸

电网企业可以拓展信用评价数据来源，实现与金融信用数据、其他省级电网公司数据及电力交易数据的融合，同时以应用为导向优化评价模型，推动信用评价结果在政务领域的运用，提升电网信用影响力。

一、信用评价数据融合扩展

国网××电力对电网全产业链企业的信用评价体系为国家电网公司开展信用建设工作提供了参考模式和样板，后续可以更进一步地探索从更多渠道拓展获取更多维度的信用评价数据，不断融合打通，提升模型信用风险预测的准确度，增强评价结果在不同场景中的适用性。

（一）实现与金融信用数据的融合

我国已实际上形成金融、行政、商业三大征信体系并存的信用数据格局。金融征信体系主要涉及信贷等金融信用信息的共享机制，行政征信体系主要涉及到行政管理活动中公共信用信息的共享机制，商业征信体系主要涉及商业经济交易活动中商业信用信息的共享机制。国网××电力所建立的电网企业全产业链信用评价体系以国家电网公司系统内部留存的、与上下游企业交易过程中形成的商业信用信息为核心，辅以行政管理部门的公共信用信息，已经在一定程度上摸索出了商业征信体系与行政征信体系打通的模式和路径。

而企业在金融领域的信用记录对全面综合评价企业信用状况也十分重要，反映了企业在债权债务关系中的信用状况。下一步，国网××电力可以进一步探索融合拓展金融信用信息，探索三大征信体系数据的融会贯通应用，先行先试，为全国信用体系建设提供新样板。

（二）实现与其他省级电网公司数据的融合

目前，国网××电力对供应商的信用评价主要基于历史交易数据开展。但是，从供应商角度来说，其交易方不仅限于国网××电力，还涉及很多其他企业，在其他交易中的历史商业表现对国网××电力也具有较高的参考作用。同时，由于电力设备供应商具有极强的专业性，其客户主要以电网企业为主，因此如果能够在国家电网公司总部层面，推动实现各省级电网公司共享供应商在整个国家电网公司系统内的历史交易情况数据，可以实现对供应商更加全面、综合的评价，实现在国家电网公司系统内对信用良好的供应商联合激励，对信用不良的供应商联合惩戒，以国网××电力的信用管理工作带动其他省级电网公司基于信用评价结果对供应商的精细管理。

（三）实现与电力交易数据的融合

2015 年 3 月，中共中央、国务院发布《关于进一步深化电力体制改革的若干意见》（中发〔2015〕9 号），提出以"管住中间，放开两头"为原则，放开发电侧和售电侧实行市场开放准入，放开用户选择权，形成多买多卖，市场决定价格的格局。其中企业电力用户也将作为新电改后参加电力交易的市场主体之一，在电力交易市场上发挥重要作用。虽然目前还主要是 35kV 及以上大工业用户参与电力交易，但随着电力改革的不断深入和电力交易市场的不断开放，未来可能会有更多的企业电力用户，尤其是用电量较大的企业电力用户，参与到电力资源的直接交易市场中。因此，对企业电力用户的信用评价模型也应适应新电改的形势要求，逐步纳入企业电力用户在电力交易市场的行为数据，实现对企业电力用户的全景式综合信用评价。

二、评价指标优化及结果应用拓展

信用评价活动的重点在结果应用：除了在电网系统内部管理中充分应用信用评价结果外，国网××电力可以在应用中不断优化模型指标，还并不断推进和拓展信用评价结果与外部机构的联合应用，扩大电网信用影响范围，充分发挥国有企业在我国社会治理和经济发展中的带动作用。

（一）以应用为导向不断优化模型指标

国网××电力借助信用大数据分析平台对不同用户的信用查询及结果使用情况进行统计和分析，通过对实际使用情况数据的分析，挖掘用户在实际应用中的关注点，筛选出用户关注度更高、应用效果更好的指标，并将其作为信用风险的动态预警指标，指导信用评价模型的不断迭代升级，实现以应用为导向的模型优化。

（二）推进市场化信用数据在政务领域的融合应用

在政府监管和公共服务中实现市场信用信息与公共信用信息融合应用一直

是信用体系建设的重点任务之一。国网××电力将以电网全产业链信用体系建设为基础，主动对企业信用数据应用政策进行梳理，对国内外有代表性的企业信用数据应用经验进行总结，并对政府应用国家电网公司电力信用数据的需求进行分析，明确国家电网公司电力信用数据在国家政府部门的应用渠道、需求、标准等内容，推动实现与以国家发改委、国家能源局为代表的国家部委信用信息平台的对接。通过梳理财务、营销、物资、调控、电力交易、工程建设等专业管理领域中，适用于政府在经济改革和社会治理领域应用的数据资源，明确信用信息数据来源，辨识所涉及的上下游利益相关方，研究提炼专业信用信息要素与规则，探索电网企业参与社会协同共治应用。

（三）联合金融机构加强电网信用影响力

企业用户在电网公司的用电数据具有可信度高、时效性强、连续性好、完整性好、覆盖面广等特点，通过信用评价实现对企业信用数据的深度挖掘，让企业用电数据成为一种信用资产，向银行等金融机构输出企业电力用户的信用评价结果，作为银行向企业进行信用评级和授信的重要依据，既能帮助信用评级良好的企业用户获得电费金融专项贷款，还能以此引导企业注重信用管理，更规范科学地从事生产经营活动，促进实体经济更好更快发展。

供应商与电网企业的产品交易数据也反映了其管理、产能、技术、资金等各方面的真实情况。国网××电力结合对供应商的信用评价结果，联合银行、保险等金融机构，对信用良好的供应商提供供应链金融服务，充分发挥电网企业在整个产业链中的核心作用，帮助中小微电力设备供应商通过信用获得更多的资金支持和更好的发展机会，服务实体经济的快速健康发展。

第二节 未来信用评价发展方向

电网企业要以事前预警及管控作为信用评价的发展导向，推动评价指标的创新，并不断拓展信用评价覆盖面，在完善企业信用评价体系的同时发挥电力行业信用评价在社会中的积极作用。

一、以事前预警及管控为发展导向

信用评价活动的根本目的在于对被评价主体的信用水平科学、客观地计量与呈现，以指导相关参与主体与被评价主体之间的业务、考核、交易、投资等活动。电网企业开展的信用评价活动亦离不开对上述目的的实现。就当前对电网企业的供应商、下属企业、用电客户的信用评价而言，其基本满足了出于业务风险控制、内部管理等方面的现实要求，对三类用户的信用水平以三维形式加以评价与呈现，供相关业务部门使用。但随着信息化、业务复杂化的时代变革，出于精益化管理的企业管理诉求，电网企业的信用管理工作势必向着关口前移、防患于未然的方向迈进，及时预判可能发生的风险，并及时采取相应的信用管理疏解措施。因此，信用评价工作未来的发展应当以事前预警与管控为导向，其优化与完善也应当为与之相配合的信用预警与处置工作服务。

具体来看，信用评价在这样的导向下可以有如下两个发展方向。首先，在当前电网企业信用评价的基础上，探索实现实时动态更新的跟踪式信用评价，这本身便是一种具有一定预警作用的信用评价方式。在这种方式中，被评价主体的信用评价结果将会随着与外界发生关系次数的增加而增加，并逐步呈现出一定的变化趋势，对其历史评价结果的横向、纵向对比和对趋势的分析，可以在一定程度上为下次业务的开展做出一定的预警与指导工作。其次，在继续完善与优化信用评价工作的过程中，在评价指标的选取、评价结果生成与业务指导等方面，应当以事前预警的需要为导向，评价指标总体上应当朝着具有一定的前瞻性、较高的针对性等方向上进行扩充，深化三维信用理论与电网企业及其上下游主体的实际工作情况的融合程度，挖掘工作中本身具有一定预警效果的具体业务指标与相关信用指标之间的深层次联系，完善评价指标体系；在评价结果的生成与业务指导层面，应当丰富结果具体形式，针对特定的部门，形成更具有针对性、更加指导其实际工作的结果生成方式，除了现有的评价等级、评价报告外，还可以采用诸如风险提示、信用标签、可视化图表等多种方式；优化结果推送或查询的时效管理，尽可能提前告知相关业务部门及其他使用者，便于及时采取相应措施。

二、不断深化信用评价指标创新与研究

信用评价的核心在于评价指标的选取与评价模型的构建。评价指标体系的好坏将直接影响评价是否能够真实、全面、科学地反映被评价主体的信用水平。电网企业是我国关系国民经济命脉和国家能源安全的国有重点骨干企业，电网企业信用评价本身具有电力行业鲜明的特定属性，加之国家电网公司在信息化、

智能化建设方面一直处于先进水平，电力相关数据本身具有规模大、种类多、覆盖范围广等特点，许多在其他行业主要采取经验总结、人工评定等方式来获取的信息，在电网企业中已陆续实现了智能化抓取、存储和应用。因此，未来信用评价在指标上的发展应当尽快跟上行业发展的步伐，不断探索、扩充、完善评价所需指标，使其更加符合相应的业务或管理要求。具体来看，主要有以下两个方面的发展思路。

（1）应进一步优化指标的具体结合。一方面，在当前信用评价内外部指标的基础上进一步探索其他内部和外部指标，如非供电企业的业务考核指标、供应商金融领域的信用指标等；另一方面，应注重与实际业务的充分融合，将相应业务工作与信用评价结合起来，以业务数据促进信用评价指标完善，以信用评价指导业务开展。另外，在对下属企业的信用评价中，应逐步探索除产品服务外的内部指标，特别是将与金融信用、商务信用领域相关的其他指标作为诚信度和践约度的新指标维度，进行综合评判。在优化指标的具体结合中，还可以促进对信用数据的界定与收集工作，对当前无法获取但可以反映其信用水平的数据形成数据目录，依照目录对相应指标的数据进行采集，建立新兴信用数据采集与应用工作机制加以保障。

（2）应重视在评价应用过程中产生的操作、业务数据对指标拓展的价值。信用评价本身是一个复杂而多元的评价过程，一个信用主体的信用水平不仅从其历史数据可以评判，也可以从其日常业务、对评价本身的相应操作得以反映。在当前评价结果的应用过程中，势必会产生相应的应用方法、对应措施等数据，这些数据本身也可以在一定程度上反映其信用意愿和信用能力。因此在指标体现的完善过程中，应重视这些数据所归纳成的指标，对这些指标去粗取精，将可以更好地、以闭环的形式真实反映该主体的信用水平。

三、进一步拓展信用评价覆盖面

当前电网企业信用评价活动是以供应商、电网企业、用电客户等三类主体为核心展开的，本质上是对企业这一类信用主体的信用评价。未来，电网企业信用评价应当进一步拓宽评价涉及的范围和阶段，具体来看，主要包括如下两个层面。

第一，拓展评价覆盖的领域。当前信用评价的发展不仅针对企业这一类信用主体，还包括政府部门、公共企事业单位、行业组织、个人等几类主体。那么在电网企业信用评价的未来发展中，可以开展针对重点人群的评价及针对重点业务环节的评价这两个领域的评价活动。一方面，电网企业及其上游供应商本身都是相对专业的行业细分，行业的专业性导致其中存在大量的专业化人才群体，如企业中高层管理人员、电力技术人员、电力设备维护保障人员等。相比于其他人员而言，这些群体的工作往往对业务的影响比较大，那么对这些重点人群的信用管理也理应纳入电网企业信用评价活动中来。另一方面，以供应商与电网企业之间的业务为例，一批设备的最终投产上线，需要经过到货、投运、质保等多个环节的工作方能完成，任何一个环节出现信用问题，都将对该设备的正常运行带来差错，某些环节较多的业务更是如此。因此，对重点环节的信用管理也应当成为信用评价的发展方向之一，以环节作为信用评价的关键点，围绕该环节，确定相关主体、指标、数据、应用方式等内容，可以更好地匹配该环节的业务要求，避免出现多头评价、相互踢皮球的环节管理问题。

第二，拓展评价覆盖的应用范围：①当前电网企业信用评价活动主要围绕物资、营销两个业务领域展开，电网企业的工作内容涉及具体业务众多，仅仅围绕两个业务领域是远远不够的。因此应着力拓展指导具体业务的领域，提高信用评价在公司的影响力和可用度，不断探索与其他业务部门的合作与改进，同时进一步倒逼相应评价体系的优化与完善。②电力行业本身具有一定公共属性，电网企业也属于典型的国有企业，其社会责任层面的内容不言而喻。落到信用评价工作上面，应当拓展评价与外部研究和应用的合作。具体来看，包括同高校、行业组织、其他外部研究机构加深相关领域的信用和行业研究；与政府部门、信用服务机构等一同合作，探索电网企业信用评价与政府的信用分类监管、信用服务机构的信用产品等的融合与创新，电网企业信用评价应当发挥其在社会中的积极意义与研究价值。

第三节　电网企业信用建设展望

电网企业在未来应将信用法规及标准建设、新型企业管理机制建设、行业信用专项研究、诚信教育与培训及科技水平提升作为信用建设的重点内容，从而弥补当前信用体系建设过程中存在的不足，更好地满足企业在信用管理方面的要求。

一、积极推动电力行业信用法规及标准建设

在国家社会信用体系建设进程中，信用法规建设是一项重点内容，没有规矩不成方圆，法规制度的建立为信用建设提供了重要的制度支撑。电网企业应积极推动电力行业出台电力领域的专门化法规，特别是行业信用相关法规制度，使行业信用建设工作的具体执行有法可依，合规合理，从法规层面为行业健康发展打下坚实的基础。此外，应尽快推进电力行业信用统一化标准的建立。标准是行业得以健康发展的准绳，规范而系统的行业信用标准体系可以为行业信用建设提供"骨架"，也可以为行业信用建设示范效应提供有力的抓手。具体来看，应重点推进电力行业相关企业信用分类管理标准、电力信用信息征集规范及征集目录、电力信用信息交换格式规范、电力信用服务机构业务规范、电力信用评价规范等几个标准的制定与实施，从信用信息的归集、共享及应用，信用管理机制的规范化实现，以及信用服务的标准化提供这三个方面着重开展行业信用标准化建设。

二、构建以信用为基础的企业管理机制

在当前国家积极推进建立以信用为基础的新型监管机制的政策环境下，电力行业应紧跟国家政策导向，积极探索建立以信用为基础的行业管理机制。具体而言，在当前全产业链信用评级工作的基础上，应从如下几个方面继续深化行业信用监管机制的构建：①从主管政府部门对行业的监管来看，应大力推行电力行业信用分级分类监管机制，以企业公共信用信息为主，参考金融信用信息及商务信用信息，将电力行业各企业按照信用水平的不同进行分类，采取差异化监管措施，做到守信企业无事不扰、失信企业寸步难行，积极整顿行业发展秩序；②从核心电网企业对上下游主体的管理来看，在当前对上游供应商和下游用户信用评价的基础上，应积极推动行业范围内上游供应商信用管理机制建设，从诚信教育与政策宣传出发，加强对供应商的诚信意识宣传，并依托信用评价，以供应商信用水平作为招投标、采购规模、采购方式、交易方式的重要参考，发挥信用在交易环节的风险把控作用，交易结束后，结合相应的信用奖惩措施予以区分，并将相应信息用于下一次的交易场景；③对于下游用电客户而言，企业除了要积极采取信用激励等措施实现惠民便企外，更应建立用户信用管理机制，在当前用电客户信用评价的基础上，重点开展跨企业、跨领域

协同管理试点工作，对于少数失信违约用户，发挥信用惩戒的实质性作用，积极推动电力行业信用氛围的形成。

三、专项开展电力行业信用研究

任何一个行业的良性发展都离不开对行业的深度研究，这既包括对宏观环境的把控，也包括对微观个体的特性研究。就目前来看，电力行业应大力发展包括行业信用研究在内的体系化行业研究，将信用研究与行业研究相结合，依托电网企业信息化建设的独到优势，利用信息化手段，不断沉淀当前行业产生的各项信用数据、信用信息、信用实践经验、信用典型案例等内容，依托行业组织、头部企业、高校等相关领域研究机构及专家、学者、学生等，发挥行业智库作用，将上述资料积极转化为指导电网企业健康有序发展的研究成果，探索建立信用数据实验室，促进研究、实践、再研究、再实践的行业研究螺旋式上升机制，凝聚行业智慧，紧跟时代发展步伐，不断推进行业信用建设处于国内领先地位。

四、着力深化企业诚信教育与信用培训

企业信用建设除了需要采取高效而实际的信用管控与惩戒措施外，对相关行业企业在诚信度层面的引导与助力也是电网企业信用建设应当关注和重点发展的内容。具体而言，其主要包括对诚信文化的宣传、信用教育与培训、相关政策、规章、制度、协议相关内容的解读与指导等。就交易场景中容易出现的信用问题与难点，组织定期或不定期的信用培训讲座、论坛等，对相关主题进行培训与指导，既可以提高相关工作的办理效率，也为营造行业诚信氛围、促进行业信用标杆的形成起到了诚信度层面的有力支撑。除此之外，依托信用教育与培训，可以为电网企业信用建设工作培养和选拔信用、业务双精人才，不断挖掘与拓展电网企业信用建设的人才优势。

五、不断提升企业信用建设科技水平

科学技术是第一生产力，任何行业的发展离不开科技发展的助力。当前电网企业信用建设的发展就离不开企业自身在信息化建设方面打下的扎实基础。因此，电力行业应继续积极拥抱科技发展带来的红利，深化行业科技应用，发展以大数据、机器学习、人工智能、区块链、智能终端、数据湖等为代表的行

业智能化提升工作，夯实企业科技发展基础，为企业业务科技化、现代化提供良好的前提。从信用建设的角度来看，应积极发挥信用信息的确定、归集、共享、应用等过程中的科技水平，在探索新兴科技的加成下，主体信用评价与管理工作向精细化、精准化、人性化方向发展，让科技真正成为电力行业信用建设的助推器与催化剂。

参 考 文 献

[1] 白云飞. 天津大数据产业发展现状、问题及对策研究 [J]. 数字通信世界, 2020 (1): 186.

[2] 陈全, 邓倩妮. 云计算及其关键技术 [J]. 计算机应用, 2009, 29 (9): 2562-2567.

[3] 董骏. 云计算环境下数据库安全性策略研究 [J]. 现代工业经济和信息化, 2019, 9 (10): 77-78.

[4] 冯芷艳, 郭迅华, 曾大军, 等. 大数据背景下商务管理研究若干前沿课题 [J]. 管理科学学报, 2013, 16 (1): 1-9.

[5] 郭乐深, 张乃靖, 尚晋刚. 云计算环境安全框架 [J]. 信息网络安全, 2009 (7): 62-64.

[6] 何奉禄, 陈佳琦, 李钦豪, 羿应棋, 张勇军. 智能电网中的物联网技术应用与发展 [J]. 电力系统保护与控制, 2020, 48 (03): 58-69.

[7] 刘玉. 大数据时代网络环境下的信息安全保障探讨 [J]. 信息系统工程, 2019 (2): 66.

[8] 孟萍莉, 周璐璐. 跨国企业全球经营的风险及防范分析: 以沃尔玛为例 [J]. 商业经济, 2020 (10) 93-94+162.

[9] 吴凡, 孙静. 基于多智能体技术的智能电网信息管理系统研究 [J]. 现代电力, 2017, 34 (02): 87-94.

[10] 孙鸿飞, 弓丽栋, 张海涛, 武慧娟. 智能电网大数据分析框架及其应用演进研究 [J]. 现代电力, 2016, 33 (06): 64-73.

[11] 吴晶妹. 三维信用论 [M]. 北京: 清华大学出版社, 2016.

[12] 薛风平. 政府、平台与生态圈对大数据产业的影响: 基于 31 个省 (市) 数据的实证研究 [J]. 技术经济与管理研究, 2020 (7): 123-128.

[13] 余绚. 基于客户信用评级的电费收费模式研究 [J]. 金融经济, 2017 (16): 133-134.

[14] 赵黎娜, 杨峰. 大数据下企业财务管理的创新 [J]. 中国商论, 2020 (15): 130-131.

[15] 周园, 许辉. 基于大数视角的我国互联网征信体系重构 [J]. 广东经济, 2020 (7): 70-75.

[16] 郑袁平, 贺嘉, 陈珍文, 等. 大数据时代网络安全问题及对策研究 [J]. 网络安全技术与应用, 2020 (6): 83-85.